LA RÉACTION

CONTRE

LE POSITIVISME

L'auteur et les éditeurs déclarent réserver leurs droits de reproduction et de traduction en France et dans tous les pays étrangers, y compris la Suède et la Norvège.

Ce volume a été déposé au ministère de l'intérieur, section de la librairie, en octobre 1894.

OUVRAGES DE M. L'ABBÉ DE BROGLIE :

Le positivisme et la science expérimentale, 2 vol. in-18.
Conférences sur la vie surnaturelle, 3 vol. in-18.
Conférences sur l'idée de Dieu dans l'Ancien Testament, 1 vol. in-18.
Problèmes et conclusions de l'histoire des religions, 1 vol. in-18.
La morale sans Dieu, 1 vol. in-18.
Instruction morale, ouvrage rédigé conformément aux programmes officiels, 1 vol. in-18.
Le présent et l'avenir du catholicisme en France, 1 vol. in-18.

BROCHURES DIVERSES :

L'apologétique chrétienne en présence des sciences et de l'histoire.
La transcendance du christianisme.
La définition de la religion.
La science et la religion.
Le progrès religieux selon les théories rationalistes et la doctrine chrétienne.
La vraie religion, ses caractères distinctifs.
Les nouveaux historiens d'Israël, à propos d'un livre de M. Renan.
Un essai de solution des difficultés du protestantisme contemporain.
Les généalogies bibliques.
Les origines de l'islamisme.
Résumés des leçons du cours d'histoire des religions professé à l'Institut catholique de Paris.

Putois-Cretté, éditeur, 90, rue de Rennes, Paris.

EN PRÉPARATION :

Études bibliques.
Mélanges de philosophie et d'apologétique.

LA RÉACTION

CONTRE

LE POSITIVISME

PAR

M. L'ABBÉ DE BROGLIE

PARIS

LIBRAIRIE PLON

E. PLON, NOURRIT ET Cⁱᵉ, IMPRIMEURS-ÉDITEURS

RUE GARANCIÈRE, 10

1894

PRÉFACE

Il se passe, depuis plusieurs années, un fait dont l'importance est comprise par tous ceux qui suivent le mouvement des idées et des opinions en France. L'empire exclusif que la science semblait exercer sur l'esprit de la plupart de nos contemporains est maintenant profondément ébranlé. De toutes parts, à la fin de ce siècle où l'humanité a remporté sur le terrain scientifique des victoires éclatantes qui dépassent ce que les magiciens d'autrefois promettaient de réaliser par leurs prestiges, de toutes parts le besoin de quelque chose d'autre que la science se fait sentir.

Notre génération commence à s'apercevoir que ce serait peu de chose de dominer le monde extérieur si, ne sachant d'où elle vient, ni où elle va, elle se trouvait impuissante à se gouverner elle-même. A mesure que grandit la puissance physique qui est entre les mains de la libre volonté de l'homme, il devient plus important de savoir diriger cette volonté elle-même et la ramener vers l'ordre, vers le bien et vers le vrai bonheur. Sans cela, au lieu de produire le bien, le progrès scientifique produirait un mal proportionné à la puissance même que l'homme aura acquise sur la nature, c'est-à-dire capable d'inspirer une juste terreur. Les récents attentats ont justifié ce sentiment.

Or, dès qu'il s'agit de la fin suprême de l'homme, dès qu'il s'agit de conserver ou de retrouver les principes qui doivent gouverner les consciences, c'est vers la religion que se tournent les esprits et les cœurs. La science paraît impuissante pour cette tâche. Comme l'a remarqué M. de Vogüé, le spectacle de la nature, interprété par les théories modernes, ne saurait être la source de l'idée de justice : cette idée doit venir d'ailleurs.

Est-ce la spéculation philosophique qui suppléera à cette impuissance de l'étude expérimentale de la nature? Hélas, la philosophie inspire à notre époque peu de confiance. La raison semble aussi impuissante sur le terrain moral et social qu'elle est triomphante sur le terrain scientifique. Que nous disent d'ailleurs les génies dominateurs qui règnent sur les esprits ? Quel espoir de salut nous présentent-ils? Taine part du fatalisme absolu pour aboutir à un irrémédiable pessimisme. Selon lui, le christianisme est la grande force sociale, la grande poussée vers l'idéal, la paire d'ailes qui soulève l'humanité au-dessus d'elle-même et sans laquelle elle recule vers les bas-fonds. Mais en même temps il affirme que ce secours si nécessaire va disparaître pour toujours, que, directement contraire, à la science, le christianisme est irrévocablement condamné (1). Renan se plaît à cacher sous des fleurs la tristesse désespérante de ses conclusions. Il essaye de nous consoler par des rêves dorés, mais il convient que le bonheur hypothétique qu'il promet n'est destiné qu'à une élite et

(1) Consulter sur cette double pensée de Taine le livre intitulé *le Présent et l'Avenir du catholicisme en France*. On trouvera dans le chapitre II la réfutation de la prétendue opposition entre la science et la foi chrétienne.

que la masse vulgaire de l'humanité n'a rien à espérer.

Un homme très inférieur aux précédents par le talent et par la puissance de la pensée, mais qui cependant a exercé une influence plus grande que la leur et a imprimé, sur les idées de nos contemporains, une marque plus durable, Auguste Comte, nous conduit, par une autre route, à la même conclusion.

Sans doute il est optimiste. Il croit au progrès nécessaire. Ennemi de la métaphysique, adversaire du spiritualisme, il a dans le progrès la même confiance que ceux qu'il combat. En passant des mains de Jouffroy et d'Hegel dans celles du fondateur du positivisme, le flambeau de la foi dans l'avenir heureux de l'humanité ne s'est pas éteint.

Mais le principe fondamental de la philosophie de Comte supprime la cause même de ce progrès. Ce principe, en effet, c'est qu'en dehors de l'expérience scientifique et du raisonnement mathématique, la raison humaine est impuissante; c'est qu'au delà des faits et de leurs lois s'étend le domaine de l'inconnaissable. En d'autres termes, la science est tout, et en dehors d'elle il n'y a rien, si ce n'est un obscur abîme que rien ne peut éclairer. Nous devons rester dans le domaine scientifique comme dans une île, enveloppée (comme l'a dit Littré) par un océan pour lequel nous n'avons ni barque ni voile.

Or maintenant il est avéré et il devient chaque jour plus évident que la science ne fournit pas à l'homme les principes nécessaires pour se gouverner lui-même; qu'elle laisse les individus et les sociétés abandonnés sans guide aux caprices de la volonté et à la tyrannie des passions. Dès lors, si la science est tout, s'il n'y a rien d'autre, que deviendra la pauvre humanité?

Il y a donc une profonde souffrance dans les âmes, une angoisse pénible dans les consciences, et une inquiétude sourde qui subsiste, malgré tous les efforts faits pour la secouer.

Telle est, si nous ne nous trompons pas, la vraie explication de ce mouvement d'opinion auquel on a donné le nom de mouvement néo-chrétien.

Voilà ce qui fait qu'incertain dans sa direction, intermittent dans les écrits, peut-être même, au moins en apparence, dans la pensée de ces chefs, ce mouvement ne s'arrête pas; qu'il reparaît de temps en temps avec une force inattendue.

C'est ainsi que, cette année, presque tous les discours officiels prononcés à l'occasion de la distribution des prix signalaient un état de malaise et demandaient le retour vers un idéal, vers une croyance quelconque, vers un principe supérieur d'action, quelque vague qu'il soit, en un mot vers quelque chose d'autre que la science et ses applications.

Mais cet élément supérieur, ce principe suprasensible, objet des aspirations de nos contemporains, est-il une réalité ou une chimère? S'il est réel, où se trouve-t-il, et par quels moyens et à quelles conditions les hommes peuvent-ils en prendre possession?

C'est de la solution de ces questions que dépend évidemment le succès ou l'échec de la réaction dont nous parlons.

Or ici nous devons reconnaître combien est difficile la tâche qu'ont entreprise les chefs de ce mouvement. Le problème en présence duquel ils se trouvent en effet n'est pas nouveau. Il est aussi ancien que l'humanité elle-même.

Le besoin de quelque chose de supérieur à la pure et simple expérience a existé à toutes les époques de l'histoire. Jamais l'homme ne s'est contenté de ce qu'il a trouvé dans le monde expérimental; partout et toujours il a cru à un monde supérieur.

Seulement les hommes se sont fait, de cet au delà auquel ils ont presque tous cru, les conceptions les plus diverses et les plus contradictoires. Les mêmes aspirations ont trouvé leur satisfaction dans des doctrines et des croyances qui changent suivant les temps et les lieux, et ne peuvent par conséquent posséder toutes le caractère universel et absolu qui convient à la vérité, ce caractère que présentent à un haut degré, de nos jours, les résultats acquis des sciences mathématiques et physiques.

Dès lors on est porté à conclure que Comte et Littré ont raison, en déclarant que toute philosophie et toute religion sont chimériques, que tout ce qui dépasse la science est vraiment et complètement inconnaissable.

Que faire alors, et comment répondre à ce cri de désespoir et d'angoisse, à cette faim de l'invisible qu'éprouvent les âmes nobles et élevées, à ces terreurs qu'inspire si légitimement la puissance physique privée de tout frein moral?

Il ne s'agit pas, en effet, seulement d'un besoin vague et artistique d'idéal, ni d'un désir d'émotions religieuses que pourraient provoquer certaines conceptions obscures exprimées sous forme poétique.

Il s'agit d'un principe destiné à gouverner la conscience, d'une règle morale, de l'idée de justice sous ses deux formes, celle de l'obligation et de la sanction; celle du bien qu'il faut faire, et celle de la récompense que nous devons espérer. Certains positivistes anglais ont essayé de tirer ce secours de l'idée même de l'inconnaissable, transformée par Herbert Spencer en une force inconsciente. L'un d'eux a établi une religion de l'inconnaissable considérée comme un principe juste qui gouverne l'univers. Dans le même ordre d'idées, Gambetta a parlé d'une justice immanente qui résiderait dans un univers aveugle.

Mais c'est sortir même des principes du positivisme. Ce n'est plus le véritable inconnaissable qu'on adorerait ainsi, c'est l'ombre ou l'image du Père céleste, du Dieu traditionnel, ou bien c'est une conception métaphysique. Et dès lors, si l'on a recours à la tradition, on se retrouve en présence des contradictions entre les diverses traditions et les diverses croyances, et quant à la prétendue justice immanente, c'est une pure hypothèse qui ne peut subsister en face du spectacle du monde visible, où, si les théories de Darwin étaient vraies, ce serait la force et non la justice qui régnerait. Il faut donc renoncer à ces spéculations sans preuves, à ces hypothèses créées pour les besoins de la cause, et ainsi se referme le cercle de fer dans lequel nous sommes emprisonnés. Nous restons dans l'île entourée de l'océan dont parle Littré, mais avec la triste conviction que cette île aride ne contient pas ce qui est nécessaire pour nourrir nos âmes.

Ce qui aggrave cette situation, c'est qu'elle est nouvelle, c'est que les principes négatifs n'ont pas encore porté tous leurs fruits. L'humanité vit sur des restes de traditions. Une foule de groupes humains ont conservé leurs anciennes doctrines, sans être atteints par la critique. Ils croient à ce qui leur a été enseigné sans s'apercevoir que d'autres croient le contraire, sans établir cette terrible comparaison entre les diverses croyances de l'humanité.

Mais il est certain aussi que le flot des doctrines négatives monte constamment, que les traditions s'ébranlent, qu'aucune digue n'empêche la liqueur dissolvante de la critique de pénétrer partout, et s'il est vrai, comme tant de gens le croient, que l'on ne puisse rester croyant qu'en restant plus ou moins ignorant, que la connaissance de l'histoire religieuse de l'humanité conduise à considérer toute croyance religieuse comme subjective, ce qui veut dire erronée, ne peut-on pas prévoir le jour où, tous ces restes de principes traditionnels ayant disparu, la morale et la société s'écrouleront à la fois ? Tout ce qui subsiste de principes moraux, restes des croyances anciennes, ressemble aux épaves d'un navire brisé : graduellement chacune est engloutie, et il n'y a ni terre ni voile à l'horizon.

Telle est la triste situation où paraît se trouver l'humanité. Si ce mal était sans remède, si la grande objection de la diversité des religions et des contradictions de la philosophie était sans réponse, les efforts généreux et sincères des chefs du mouvement dont nous parlons seraient sans succès. Non seulement ils ne pourraient pas relever les cœurs d'une manière durable, mais leur tentative avortée ne ferait qu'augmenter le découragement. Mieux aurait valu conserver la croyance au progrès par la science. Quelque vaine et trompeuse qu'elle soit, cette croyance, inspirant des dévouements sincères, aurait empêché le triomphe des passions basses. Mieux vaut le fanatisme qu'une raison désenchantée et privée de tout idéal.

Heureusement le triste avenir que nous décrivons n'est pas le véritable avenir. Les progrès de la science et de la critique n'ont pas ces funestes conséquences.

Parmi toutes les religions de l'univers, il en est une qui résiste à toutes les attaques des doctrines négatives, parce qu'elle est l'unique vraie religion qui vient du Ciel.

Parmi les maîtres de l'humanité il en est un qui ne craint pas la comparaison avec les autres maîtres, et qui grandit au fur et à mesure que la lumière de l'histoire éclaire davantage les temps passés. A mesure que la distinction se fait entre les faits solidement attestés et les légendes, la figure idéale et réelle, historique et divine du Christ brille avec plus d'éclat. Affranchie par lui, dégagée des liens du sophisme et de l'erreur, la raison peut, aujourd'hui comme autrefois, découvrir et contempler le vrai Dieu, le Dieu parfait et vivant, le Père céleste. Enfin parmi les traditions de l'humanité, il en est une qui domine toutes les autres, qui n'a jamais été brisée, et à laquelle il est toujours possible de revenir. C'est la tradition d'Abraham, de Moïse et des Prophètes, qui se continue par l'Évangile et l'Église. C'est la tradition qui contient la promesse, jusqu'ici toujours vérifiée, du progrès religieux, moral et social de l'humanité.

Le but de cet ouvrage est de montrer comment, par quelle route, à quelles conditions on peut remonter du positivisme au christianisme, du pôle négatif au pôle positif de la pensée. C'est de tracer à la réaction actuelle la seule route qu'elle doit suivre. C'est de lui montrer le terme où elle doit aboutir, si elle veut ne pas être un effort impuissant et stérile.

Puisse notre parole être entendue.

Puissent ces pages montrer la vraie route à tant d'âmes généreuses et pleines de bonne volonté, qui voudraient travailler au bien général et ne savent de quel côté tourner leurs efforts.

Puissent-elles leur inspirer le courage viril de faire les sacrifices nécessaires pour arriver à la possession de la vérité.

Puissent-elles enfin faire briller, aux yeux de ceux qui souffrent sans espoir, ce rayon de lumière céleste qui seul rend supportables les maux d'ici-bas.

Octobre 1894.

LA RÉACTION CONTRE LE POSITIVISME

CHAPITRE PREMIER

LES CAUSES DE LA RÉACTION

I

Quelle sera la portée, quelles seront les conséquences et les effets de ce mouvement de retour vers le spiritualisme et les idées religieuses, qui paraît devoir être en France un des caractères des dernières années de ce siècle ? Est-il vrai que le dix-neuvième siècle, où les sciences physiques ont fait des progrès si gigantesques et où tout a semblé devoir leur être subordonné, reconnaîtra, avant de disparaître, que ces sciences sont insuffisantes et qu'il faut autre chose à l'humanité ?

Le positivisme, cette doctrine qui mutile la

raison et la pensée de l'homme, qui lui interdit la connaissance des réalités invisibles et supérieures, objet de son adoration et de son amour, auxquelles son cœur et sa conscience étaient suspendus, le positivisme verra-t-il son règne sur les esprits s'écrouler et s'ouvrir de nouveau les régions intellectuelles et morales qu'il déclarait inaccessibles?

Ou bien cette réaction ne sera-t-elle qu'un effort impuissant après lequel le scepticisme reprendra le dessus, qu'une tentative vaine pour sortir d'un cercle étroit où nous serions invinciblement enfermés?

Telle est la grave question que nous croyons utile de poser en ce moment. Il importe, en effet, de ne pas se faire illusion.

Il est certain que la situation de ceux qui ont à cœur de ramener les hommes vers un idéal supérieur est changée depuis quelques années. L'opinion, qui était hostile ou indifférente, est devenue plus favorable. Un bon vent s'est levé qui peut pousser le navire dans la bonne route, mais encore faut-il que les voiles soient orientées et que la direction donnée soit celle qui conduit au port désiré.

Nous allons donc chercher quelles sont les conditions de succès de ce mouvement auquel on donne le nom de mouvement néo-chrétien, ou plutôt d'un mouvement plus général tendant à secouer le joug des doctrines négatives et à remettre en vigueur les droits de la conscience et de la raison en présence des sciences mathématiques, physiques et naturelles.

Nous ne fonderons pas notre appréciation sur les forces mêmes de cette réaction, ni sur le nombre et le talent de ceux qui la représentent dans la littérature contemporaine.

Cette revue des forces de la réaction a été déjà faite (1); d'ailleurs, ce serait un signe peu sûr. Quand un mouvement d'opinion commence, il paraît souvent bien plus faible qu'il n'est réellement. Le commencement de retour vers le spiritualisme et le christianisme qui a eu lieu au seuil de notre siècle ne paraissait ni très énergique ni très sérieux ; les motifs mis en avant étaient souvent bien frivoles. Il est vrai qu'il s'est trouvé alors, ce qui nous manque aujourd'hui, un de ces génies dominateurs dont l'influence produit les grands courants de la pensée.

La Providence ne nous a point donné encore l'équivalent de l'auteur du *Génie du christianisme,* mais peut-être le tient-elle en réserve pour paraître

---

(1) Voir les articles de M. KLEIN dans le *Correspondant* du 10 février 1892.

à son heure ; peut-être verra-t-on grandir un des chefs actuels de ce mouvement. Ce n'est pas dans ces circonstances actuelles que nous voulons puiser les éléments de notre appréciation.

Ce n'est pas dans la surface extérieure et apparente de ce mouvement d'opinion, c'est dans ses causes profondes et cachées que nous devons chercher le secret de son avenir. Ce n'est pas sur les manifestations extérieures de cette renaissance vague du spiritualisme et du christianisme, c'est sur les besoins des âmes qui l'ont provoquée qu'il importe de fixer notre attention.

Pourquoi la réaction se produit-elle ? Tel doit être le premier objet de nos recherches.

Quels obstacles doit-elle vaincre et comment pourra-t-elle en triompher ? Telle est la seconde question qui se présente à nous et dont la solution nous est nécessaire.

Les causes de la réaction, ce sont évidemment les côtés faibles de la doctrine régnante, son insuffisance à satisfaire les aspirations de l'âme humaine. Les obstacles, ce sont les arguments pratiques, puissants et populaires, par la force desquels le positivisme a établi et maintient son empire.

Essayons d'étudier sommairement ces causes et ces obstacles et d'en apprécier la grandeur et l'importance.

II

L'humanité, nous dit Auguste Comte, passe par trois états successifs : l'état théologique, dans lequel elle est gouvernée par la croyance religieuse et la tradition ; l'état métaphysique, où les croyances sont remplacées par des doctrines philosophiques appuyées sur des raisonnements ; et l'état positif, où, la vanité des traditions et des raisonnements philosophiques ayant été constatée, on ne cherche plus rien au delà des faits expérimentaux, sinon les lois générales suivant lesquelles ces faits s'accomplissent. La religion, la métaphysique, la science, d'une part, la tradition, le raisonnement, l'observation, d'autre part, telles sont, selon Auguste Comte, les trois étapes que franchit successivement l'humanité.

Je ne sais si la grande théorie historique du fondateur du positivisme a encore des défenseurs ; mais ce que je puis dire sans craindre d'être sérieusement contredit, c'est qu'elle est complètement erronée.

La véritable histoire dément cette théorie absolue et étroite. Sans doute, les notions religieuses sont primitives dans l'humanité ou du moins remontent plus haut que toute espèce d'histoire. C'est une vérité incontestée. Sans doute encore, les systèmes philosophiques et métaphysiques, qui supposent un certain développement de la pensée abstraite et un langage plus ou moins technique, n'apparaissent que plus tard ; c'est ce qu'il était naturel de supposer et ce que l'histoire confirme. Mais, qu'une fois née et ayant acquis son plein développement, la métaphysique ait jamais détruit la croyance religieuse ou se soit substituée à elle, c'est ce qui est radicalement faux. Ni dans l'Inde, ni dans l'antiquité grecque et romaine, ni dans les temps modernes, la pensée philosophique, si majestueuse et si puissante qu'elle ait été dans son expression, n'a détruit les croyances religieuses traditionnelles.

La métaphysique des brahmanes et celle des bouddhistes se sont unies à la religion au lieu de la combattre. Le paganisme gréco-romain, sous la forme du culte du soleil, a survécu à toutes les théories philosophiques et n'a disparu que par l'effet de la prédication évangélique.

Le même phénomène se produit dans les temps modernes. Le grand mouvement philosophique qui, partant de Descartes pour aboutir à Hegel, en passant par Leibnitz et Rousseau, a grandi à côté du christianisme, s'est montré tantôt l'allié, tantôt l'ennemi de la religion, sans que la métaphysique ait détruit la foi chrétienne ou se soit substituée à elle ; et aujourd'hui, en face de leur ennemi commun, du positivisme qui veut interdire à l'homme la connaissance de l'invisible, la religion se défend avec plus d'énergie que la philosophie ; c'est vers le christianisme plutôt que vers le spiritualisme séparé de la foi que se tourne la réaction naissante.

Il est donc inexact de dire que l'état métaphysique a succédé comme état dominant à l'état de croyance religieuse. Sur ce premier point, la théorie de Comte est erronée.

Maintenant l'état positif défini par Auguste Comte succédera-t-il définitivement aux deux autres? C'est précisément ce second point de la théorie de Comte qui est en question. Suivant que la réaction actuelle se montrera universellement impuissante ou bien sera partiellement victorieuse, le règne définitif du positivisme semblera se rapprocher, ou bien passera au rang des hypothèses chimériques et démenties par les faits.

La solution de cette question sera la conclusion de notre travail.

Mais, dès à présent, nous pouvons constater,

au nom de l'histoire de la pensée humaine religieuse et philosophique, que le positivisme est tout autre chose que ce que pensait son fondateur.

Il n'est pas le terme fatal d'une longue évolution historique et d'un progrès continu, lent et graduel de la pensée : il est un état nouveau, contraire à tout ce qui l'a précédé. Jusqu'à l'époque où, sous l'influence évidente d'un développement extraordinaire des sciences physiques et naturelles, le positivisme a pris naissance, la religion et la philosophie ont marché côte à côte ; elles ont été considérées comme les appuis de la conscience et comme un des éléments principaux de l'activité intellectuelle et morale de l'humanité.

La domination exclusive du positivisme sur une société, et à plus forte raison sur l'humanité entière, si elle s'établissait définitivement, serait un état des esprits et des cœurs diamétralement opposé à toute l'histoire antérieure. Tout devrait être changé : ce serait la fin de l'empire que la philosophie et la religion, unies ou séparées, exerçaient sur les esprits ; ce serait l'interruption de ce commerce perpétuel de la pensée et du cœur avec un monde supérieur où l'homme trouvait la consolation dans ses peines, l'espérance d'un avenir après la mort, et les principes d'action pour sa conduite ici-bas.

Une autre puissance, celle de la science expérimentale, devrait régner à la place de cette puissance déchue; elle devrait substituer ses principes à ceux qu'elle aurait détruits.

L'établissement définitif du positivisme, entraînant la ruine complète de la foi religieuse et de la croyance à des révélations divines, et en même temps celle des notions spiritualistes sur Dieu et sur l'âme, serait une véritable révolution dans la pensée et dans les sentiments des hommes. L'humanité positiviste serait une nouvelle humanité, toute différente de l'humanité antérieure, mettant sa joie et son bonheur ailleurs, ayant d'autres principes de conduite, et faisant reposer la société sur d'autres bases.

Cette conclusion, si contraire à la pensée d'Auguste Comte et qui l'aurait sans doute attristé et blessé, est loin cependant d'être un argument sans réplique. Les positivistes peuvent (et beaucoup d'entre eux ne craignent pas de le faire) prendre cette attitude de révolutionnaires dans l'ordre de la pensée et des sentiments. Ils peuvent dire qu'ayant trouvé la vérité, ils sont en droit de détruire l'erreur. Ils peuvent admettre que cette transformation complète de l'humanité est nécessaire et salutaire.

Ils peuvent même dire que c'est la grandeur en

même temps que la rapidité relative de cette transformation qui explique la réaction actuelle. Ils peuvent dire qu'un tel changement ne peut s'opérer sans résistance, et qu'il doit être nécessairement interrompu par des réveils plus ou moins puissants des croyances antérieures. Ce seraient comme des ondes alternatives, des retours vers la croyance à l'invisible, suivis de retours en sens contraire vers la négation positiviste.

Si la réaction actuelle n'était qu'une onde de cette espèce, les positivistes pourraient espérer que leur doctrine en triomphera, qu'ayant l'avenir pour elle, elle n'a rien à craindre de la résurrection passagère d'un passé définitivement condamné.

Mais en est-il ainsi? Cet état antérieur de l'humanité, celui où elle croyait à un monde invisible, peut-il ainsi périr sans retour? Une telle révolution dans le fond de la nature humaine est-elle possible? Les aspirations du cœur de l'homme peuvent-elles être ainsi anéanties et remplacées?

C'est ce que nous devons maintenant examiner, en étudiant de plus près la transformation dont il s'agit.

Elle consiste à ôter à l'homme tout espoir de rien connaître au delà du domaine de l'expérience. Au delà des faits, selon les positivistes, il n'y a que des hypothèses vaines. Rien ne peut être connu avec certitude, rien ne mérite l'attention de l'homme, que ce qui peut être vérifié par l'observation.

Il faut donc que l'homme se contente de ce que renferme le champ de la connaissance ainsi restreint.

Si certaines notions qui supposent la connaissance d'un au delà, lui semblent nécessaires soit pour satisfaire aux besoins de son cœur, soit pour répondre aux problèmes soulevés par son intelligence, soit pour diriger sa conduite pratique, il faut absolument qu'il essaye de les remplacer par d'autres notions, tirées des faits sensibles et conformes à la nouvelle doctrine; ou bien, si cela est impossible, s'il ne trouve pas d'équivalents pour les idées qui n'ont plus droit de cité dans le nouveau monde de la pensée positiviste, il faut qu'il se résigne, coûte que coûte, à se passer entièrement de ces notions et à supporter le vide ainsi créé dans la pensée et dans les sentiments.

C'est, nous disent les positivistes, un sacrifice qu'il faut faire à la vérité. Agir autrement, ce serait se repaître volontairement de chimères et d'illusions.

Ce sacrifice est-il possible? Le monde, tel que l'expérience nous le livre, le monde extérieur, décrit et mesuré par les sciences physiques, le monde de nos sensations recueillies par la mémoire, suffit-il réellement à l'homme ?

Après les suppressions qu'exige la nouvelle doctrine, reste-t-il pour le cœur, pour la conscience, pour la raison, une atmosphère respirable ?

C'est ce que nous avons à chercher. Pour cela, énumérons les divers besoins de l'âme humaine qui, jusqu'à notre époque, ont trouvé leur satisfaction soit dans les données fournies par la croyance religieuse, soit dans les notions que la métaphysique prétend découvrir et démontrer.

III

Commençons par l'imagination. Que les données tirées du monde supérieur à l'expérience, soient un des objets sur lesquels s'exerce l'imagination humaine ; que la poésie et les arts puisent souvent leurs inspirations dans la foi ; qu'une de leurs fonctions principales soit de revêtir de brillantes couleurs, tirées en partie du monde sensible, les notions idéales de la métaphysique, c'est ce que personne ne contestera. Aussi, si le positivisme poussait la rigueur jusqu'à interdire l'usage des notions qu'il déclare inaccessibles à l'esprit humain, même dans les œuvres d'imagination, il rendrait singulièrement étroit le champ dans lequel pourraient se mouvoir ceux qui cherchent à créer des œuvres artistiques, dramatiques ou littéraires. Il les renfermerait dans un cercle de fer où le génie le plus puissant ne pourrait prendre son essor. Pour nous en rendre compte, considérons le peu de parti que la poésie a tiré des découvertes scientifiques modernes. Sans doute, Lamartine, dans son harmonie intitulée *les Étoiles,* le P. Gratry, dans plusieurs passages de ses œuvres, ont décrit poétiquement le monde, tel que l'astronomie nous le dépeint. Mais si la littérature n'avait d'autre thème que ce genre de descriptions, elle serait bien restreinte dans ses moyens d'action sur les âmes, elle arriverait difficilement à les charmer et à les émouvoir, elle aurait vite parcouru le domaine entier de la science et épuisé les sources de poésie qui y sont cachées. Si, d'autre part, on voulait obliger les romanciers à exclure de leurs œuvres tout ce qui dépasse le monde sensible, à ne parler ni de religion, ni de vertu, ni de conscience, ni d'idéal, quel serait le genre d'œuvres qui subsisterait? des romans scientifiques, comme ceux de Jules Verne, ou des peintures réalistes décrivant les instincts et les passions, comme celles de Zola ? N'est-ce pas le sentiment de cette monotonie des drames où n'intervient que la lutte des passions déchaînées, et d'où la conscience est absente, qui pousse certains auteurs modernes à revenir à l'ancienne morale et à parler même de la foi avec respect ?

On pourra répondre, il est vrai, que le positivisme n'interdit pas l'emploi de ces données d'un ordre supérieur, pourvu qu'on les emploie à titre d'hypothèses, de fictions ou de légendes. Mais cela n'empêche pas la doctrine qui ramène tout à l'expérience d'être hostile au développement poétique et littéraire. En effet, lorsque la croyance à un monde supérieur vit dans les âmes, lorsque les idées spiritualistes et religieuses sont considérées, dans leur ensemble, comme des vérités, les récits imaginaires, poésies, romans et légendes, dont le sujet se rapporte à ces idées, acquièrent par leur ressemblance et leur parenté avec des notions reçues comme vraies, une réalité morale indépendante de la vérité historique des narrations. C'est cette réalité morale qui les rend efficaces sur les âmes. On sait que ce sont des fictions, mais ces fictions ressemblent à la vérité ; elles produisent dès lors une émotion analogue à celle que la vérité produirait.

Mais une fois le positivisme entré dans les âmes, une fois toutes les idées qui dépassent l'expérience reléguées dans l'obscurité de l'inconnaissable, une fois que toutes ces idées seront considérées comme des hypothèses sans preuves, les légendes et les récits imaginaires qui roulent sur ces idées, perdant leur relation avec des vérités connues et admises, prendront l'apparence de ces contes fantastiques, de ces récits chimériques qui étonnent, divertissent un instant, mais ne peuvent émouvoir, parce qu'ils sont trop loin des idées admises comme vraies, et que l'émotion suppose toujours quelque apparence de vérité. Pour un positiviste vraiment pénétré de sa doctrine, tout récit où entre l'idée de Dieu, le dogme chrétien ou même l'idée du devoir et de la conscience, devrait faire l'effet que nous produit le merveilleux des *Mille et une Nuits*, ou les hauts faits de l'enchanteur Merlin, c'est-à-dire divertir, piquer une certaine curiosité, sans agir réellement sur l'âme.

Dans de telles conditions, la poésie s'évanouit.

Il est d'ailleurs une des grandes sources auxquelles ont puisé, depuis que le monde existe, les auteurs d'œuvres d'imagination, qui tend à disparaître. C'est l'inconnu dans l'univers visible, ce sont ces régions inexplorées de notre planète, où l'on pouvait placer, sans sortir des conditions de la réalité expérimentale, toutes sortes d'êtres ou de phénomènes inconnus, et même supposer l'existence réelle des beautés qui dépassent celles que nous connaissons. Plus la connaissance de l'étroite région que l'homme habite devient complète; plus cette mince superficie de notre planète, notre seul domaine, est sillonnée par les voyageurs, traversée par les chemins de fer, reliée par le télégraphe et le téléphone, qui suppriment les distances ; plus les mœurs et même les costumes deviennent uniformes, plus l'imagination voit diminuer un de ses champs de travail et de mouvement. De toutes parts l'humanité se heurte aux bornes de la prison qui la renferme, et quand elle en connaîtra bien tous les coins et les recoins, elle s'y trouvera de plus en plus à l'étroit.

Si donc on interdit à l'humanité, comme veut le faire le positivisme, tout accès vers un monde supérieur et idéal, vers une économie différente de la nôtre, vers un ciel où habitent des êtres bienheureux et où nous habiterons nous-mêmes, la vie terrestre paraîtra de plus en plus terne, monotone et ennuyeuse. Les grandes consolatrices de cette vie, la poésie, la littérature, la recherche de l'idéal, verront leurs ailes coupées, et l'humanité perdra plusieurs des éléments essentiels de son bonheur sur la terre, en même temps qu'elle perdra l'espoir d'un autre bonheur et d'une vie supérieure à celle-ci.

Est-il étonnant que le sentiment instinctif de ces conséquences du positivisme produise dans les âmes affamées d'idéal, ou ardentes à la recherche du bonheur, un soulèvement contre cette doctrine ?

Néanmoins, ce n'est encore que la partie superficielle du mal produit par le positivisme. Si, laissant de côté l'imagination, nous portons nos regards sur les aspirations profondes du cœur de l'homme, nous verrons apparaître bien plus clairement l'insuffisance de cette doctrine.

Le cœur de l'homme aspire constamment au bonheur ; il veut que ce bonheur soit complet ; il veut qu'il soit durable ; il veut même qu'il n'ait pas de fin.

Cette aspiration à la béatitude est-elle, comme l'ont voulu bien des philosophes de diverses écoles, l'unique moteur de l'âme humaine ? L'homme cherche-t-il la béatitude dans tous ses actes, et la différence entre le vice et la vertu consiste-t-elle seulement en ce que les uns placent leur bonheur dans une région plus élevée et les autres dans une région plus basse ? Malgré les grandes et nombreuses autorités qui appuient cette thèse, bien qu'elle réunisse en apparence les suffrages de philosophes appartenant aux camps les plus opposés, d'Aristote, de saint Thomas d'Aquin et d'Herbert Spencer, nous ne croyons pas pouvoir l'admettre. Mais, sans aller aussi loin que ces philosophes, sans croire que cette aspiration à la béatitude soit l'unique mobile de la volonté, on ne saurait nier que ce ne soit une aspiration universelle qui tient au fond de la nature humaine et que rien ne peut déraciner. Sans dire que l'homme ne veut et ne désire que le bonheur, on doit dire que l'homme désire toujours le bonheur, et qu'il le désire complet et durable, que ce désir est essentiel à sa nature et ne peut être détruit.

Maintenant, comment cette aspiration trouve-t-elle sa satisfaction là où le positivisme ne règne pas ?

C'est évidemment par un recours au monde supra-expérimental.

Dans le monde limité de notre expérience, le bonheur complet et durable est radicalement impossible. C'est un lieu commun, c'est une de ces vérités qu'il suffit d'énoncer pour que leur évidence apparaisse. La plupart des hommes sont privés de bonheur ou ne rencontrent le bonheur que pendant des instants fugitifs; encore est-ce un bonheur très imparfait et hors de proportion avec leurs désirs. Pour les plus heureux, ce bonheur est encore incomplet ; les courtes limites de la vie projettent leur ombre attristante sur cette félicité partielle.

C'est en dehors et au-dessus du monde expérimental que la plus grande partie de l'humanité espère rencontrer le bonheur. C'est dans une autre économie, dont les conditions sont différentes de la nôtre, que la foi religieuse montre aux hommes la félicité suprême et impérissable. C'est dans cette même région que la philosophie, avec des affirmations moins absolues et moins précises, place l'espoir d'une récompense pour les justes. C'est donc toujours en regardant au-dessus du monde visible que l'homme espère trouver l'objet de ses désirs. Cela est vrai, même quand la pensée de la vie future est plus ou moins voilée, comme elle l'était chez les Israélites des temps anciens. C'était sur cette terre qu'ils plaçaient leur idéal, mais ils croyaient à une protection spéciale de leur Dieu, qui assurait à ses fidèles serviteurs une félicité exceptionnelle hors de l'ordre commun, supérieure, par conséquent, à ce que l'ordre naturel promet à l'homme. Cela est vrai encore dans ces religions étranges où le bonheur est assimilé à l'anéantissement. Il suffit de lire les livres bouddhiques pour reconnaître que ce qu'ils entendent par le *nirvâna*, cette récompense suprême de la vertu, est une espèce de bonheur, négatif il est vrai, vers lequel le sage se porte avec enthousiasme, et qui est en dehors et en dessus de la vie terrestre.

Maintenant, que le positivisme établisse son règne complet et définitif, que sa logique impitoyable retranche tout ce qui ne relève pas de l'expérience de ce bas monde, alors il faut dire adieu à toute espérance de ce bonheur parfait et perpétuel vers lequel les cœurs se portaient avec ardeur.

Confiné dans la vie terrestre, n'ayant d'espoir en aucune protection d'une puissance supérieure, l'homme est condamné à n'espérer que la part de bonheur que permettent les conditions de son existence, et si cette part même lui est refusée par la pauvreté, la maladie, la haine de ses semblables, il n'a aucun recours, aucune ressource d'aucun genre : une morne résignation ou une révolte impuissante, telle est la seule alternative que l'avenir lui présente.

Tel est le sort que le positivisme fait au pauvre cœur humain ; tel est l'arrêt irrévocable et nécessaire par lequel il condamne son espérance.

Il est une autre aspiration de notre âme, ou

plutôt il est une forme spéciale et plus ardente de ce désir du bonheur : c'est le désir d'aimer et d'être aimé. C'est encore un lieu commun que l'amour est une des aspirations fondamentales de la nature humaine. Elle est moins universelle, sans doute, que le simple désir du bonheur : il y a des natures froides et égoïstes chez lesquelles l'intelligence semble étouffer le cœur ; il y a des natures basses qui rapportent tout à elles-mêmes.

Mais le besoin d'aimer est certainement le trait le plus noble et le plus beau de l'humanité ; il fait partie de son essence, il en est l'élément supérieur et sublime. Plus précise que le désir du bonheur général, cette aspiration de l'âme que nous nommons l'amour poursuit un objet dont les caractères peuvent être aisément déterminés. Il lui faut un objet réel et vivant. Sans doute le cœur de l'homme tressaille en présence des idées ; l'homme peut aimer la justice, la vertu, la patrie. Mais ce ne sont pas des idées purement abstraites, ce sont des idées qui se rattachent à la réalité, qui sont unies à des personnes, à des lieux ou à des souvenirs chéris.

D'ailleurs, le sentiment qu'inspirent ces idées n'est pas l'amour dans sa plénitude. Le véritable amour veut un objet vivant, une personne qui puisse rendre amour pour amour.

Cet objet vivant doit aussi être parfait et idéal. Sans doute il y a des égarements de l'amour qui se porte vers des objets indignes, il y a des aveuglements de l'amour qui efface les défauts de l'être aimé et le revêt de qualités imaginaires. Mais ces défaillances et ces erreurs ne font que manifester plus clairement la vraie tendance de l'amour vers un objet qui réunisse à la fois la réalité vivante et la perfection idéale. Privé d'un tel objet, le cœur de l'homme s'agite et ne peut trouver aucun repos véritable.

Or, selon la doctrine positiviste, cet objet des aspirations du cœur de l'homme est une chimère. Si rien n'existe ou ne peut être connu que ce qui tombe sous l'observation, que ce qui peut être l'objet d'une expérience scientifique, il est certain qu'un objet vivant et réel d'une part, et absolument parfait et idéal de l'autre, pourra être cherché en vain, sans être jamais rencontré.

Réalité et perfection s'excluent. C'est la grande loi du monde où nous vivons, et si ce monde est le seul que nous puissions atteindre, c'est une loi à laquelle nous ne pouvons échapper. Sachez-le donc, âmes ardentes et passionnées, affamées d'amour et d'idéal, que votre place n'est pas dans ce monde de positivisme. Vous y êtes des étrangères, vous êtes condamnées à voir s'écrouler sans retour vos illusions. Vous ne pouvez que vous repaître d'affections passagères dont la vanité ne tardera pas à paraître, vous êtes condamnées à une inévitable déception.

Il est d'ailleurs un troisième caractère de l'amour considéré dans sa perfection et sa plénitude, qui montre encore plus clairement que cette aspiration de l'âme est privée de son véritable objet, s'il n'y a rien au-dessus de ce monde.

L'amour veut un objet réel, il veut un objet idéal et parfait, mais il veut aussi un objet immortel. L'amour poursuit une union que rien ne puisse détruire, il a l'ambition de l'éternité, il repousse avec horreur l'idée d'une séparation d'avec l'objet aimé.

Or cette séparation est inévitable ; tout fuit, tout passe en ce monde, de sorte que si, par une bonne fortune extraordinaire, l'amour peut échapper à la loi qui condamne à une cruelle déception, c'est pour subir une autre loi, celle de la mortalité. Deuil ou désillusion, telle est la triste alternative que l'avenir lui présente. De ces deux alternatives, la première est souvent préférable à la seconde, et la souffrance est moindre quand la mort arrive à temps pour prévenir la déception.

Telle est la condition terrestre du cœur humain avide d'amour. Or, tant que l'homme conserve la pensée d'un monde supérieur qui n'est pas soumis aux tristes lois du monde d'ici-bas, tant qu'il conserve l'espoir d'une vie future, il peut espérer que les ardeurs inassouvies de son cœur trouveront, ailleurs et plus haut, leur satisfaction ; il peut croire qu'il existe un amour qui ne trompe pas. Bien plus, il peut, dès à présent, connaître cet amour, il peut s'y livrer et en goûter les prémices. Ouvrez les psaumes de David, et écoutez avec quelle joie le psalmiste parle de ce Dieu saint, juste, parfait dans ses œuvres, si grand, que toutes les créatures sont comme la poussière devant lui, mais si bon et si condescendant, qu'on peut s'approcher de lui et s'unir étroitement à lui. Il nous dira qu'être uni à Dieu vaut mieux que toutes les joies de la terre, et qu'un seul jour passé dans son temple vaut mieux que mille au milieu des plaisirs du monde.

Et cependant ce n'était que l'aurore de la religion de l'amour vrai, de l'amour saint et pur, de l'amour éternel et indestructible.

C'est dans l'Évangile que se manifeste, dans toute sa splendeur, la religion de l'amour. L'amour est à l'origine, au faîte et au principe, en Dieu qui crée le monde par un acte d'amour et qui le rachète par un mystère de charité miséricordieuse. L'amour demandé au cœur humain a pour premier et principal objet un Être suprême et parfait, une personne vivante et absolument idéal, c'est-à-dire l'objet même que ce cœur désire. Au-dessous de cet objet principal, d'autres objets d'affection subsistent, chacun à son rang, idéalisés par leur union avec l'objet principal, ceux mêmes qui sont défectueux et répugnants pouvant être aimés pour l'amour de l'Être infiniment bon qui les couvre de sa protection. Enfin, l'éternité de la béatitude, qui est celle de l'amour, est promise à ceux qui sont fidèles.

Citons ici les vers d'un poète profane qui a compris cette beauté du christianisme :

> Cloîtres silencieux, voûtes des monastères,
> C'est vous, sombres caveaux, vous qui savez aimer,
> Ce sont vos froides nefs, vos parvis et vos pierres,
> Que jamais lèvre en feu n'a baisés sans pâmer.
> Oui, c'est un vaste amour qu'au fond de vos calices
> Vous buviez à plein cœur, moines mystérieux.
> La tête du Sauveur errait sur vos cilices,
> Lorsque le doux sommeil avait fermé vos yeux,
> Et quand l'orgue chantait aux regards de l'aurore,
> Dans vos vitraux dorés vous la cherchiez encore.
> Vous aimiez ardemment, ah ! vous étiez heureux !

L'amour ainsi décrit ne possède-t-il pas les trois caractères que nous avons indiqués, objet réel et vivant, parfait et idéal, éternel et immuable ? Priver l'humanité d'un tel espoir et de ces prémices du ciel, n'est-ce pas une vraie cruauté ?

Contentons-nous de constater que le positivisme condamne les hommes à ne jamais obtenir l'objet supérieur que leur cœur désire, et à se résigner d'avance à cette privation.

L'intelligence et la raison seront-elles, dans le système positiviste, plus à l'aise que le cœur et l'imagination ? Au premier abord, on pourrait le croire ; c'est au nom de la science que ces nouvelles doctrines cherchent à prendre possession de l'esprit humain. La science n'est-elle pas le but auquel aspire l'intelligence humaine ?

Mais ici se présente le grand principe de la théorie positiviste. Il est permis à l'homme d'étudier les faits et leurs lois. Il lui est interdit de chercher à connaître les causes. Or, c'est précisément cette recherche des causes qui est l'objet de la curiosité naturelle de l'esprit humain.

C'est vainement que l'on s'efforce de l'obliger à une étude superficielle de la succession des phénomènes ; ce sont les êtres réels, les forces cachées qu'il désire connaître. C'est vainement qu'on déclare insoluble le problème des origines ; toujours il en entreprend la solution. Aux cosmogonies religieuses succèdent les systèmes philosophiques, aux systèmes philosophiques, les hypothèses scientifiques.

L'esprit humain ne se soumet pas aux prescriptions des docteurs modernes; il leur échappe constamment, et ce n'est même que par l'étude des causes qu'il parvient à connaître les lois; c'est à ce commerce perpétuel avec le monde supérieur que les sciences doivent leur fécondité.

Il faut donc sacrifier encore l'ambition légitime, la curiosité native de l'intelligence humaine.

Il faut mettre un frein à cette puissance indomptable, il faut arrêter son essor dès qu'elle veut pénétrer au delà de la surface des choses. Que fera-t-elle, ainsi contrariée dans son élan vers la connaissance pure et spéculative de l'univers? Elle se tournera vers la pratique, elle asservira la nature aux besoins de l'homme, elle deviendra industrielle et utilitaire.

Fort bien, mais une science utilitaire doit avant tout connaître la fin qu'elle poursuit. Tendant au bien de l'humanité, elle doit connaître en quoi ce bien consiste.

Quel est le vrai bien pour l'homme? Quelle est sa fin, quelle est sa destinée?

Voilà des questions dont il semble absurde d'interdire la recherche à la raison humaine.

Et cependant, ce sont précisément ces questions que le positivisme déclare insolubles.

Tout ce qui regarde les conditions de la vie

humaine dépend, en effet, de la solution d'une question suprême.

Tout finit-il à la mort ? Y a-t-il une vie future ? La conduite présente de l'homme a-t-elle des conséquences qui s'étendent plus loin que cette vie ?

Si la vie future existe, il faut y penser ; si elle n'existe pas, tout un ordre de préoccupations doit disparaître : il faut remplacer les églises par des théâtres. N'est-ce pas, du reste, ce que font ou cherchent à faire de nos jours ceux qui veulent mettre en pratique les doctrines négatives ? Au moyen âge, on faisait de grandes dépenses pour les monastères et les cathédrales : c'était une conséquence logique d'une puissante croyance à la vie future. Aujourd'hui, ce sont les édifices destinés à rendre la vie terrestre plus agréable, les bibliothèques contenant des livres destinés à faire passer sans trop de peine le temps qui précède la mort, qui sont considérés comme utiles.

Toute la direction pratique de la vie des individus et des sociétés dépend donc de la grande question posée par Hamlet : Être ou ne pas être après la mort. Or ce problème est précisément un de ceux dont le positivisme déclare la solution impossible.

L'âme est-elle une substance capable de survivre à l'organisme, ou bien les phénomènes psychologiques sont-ils une collection sans sujet unique : c'est une question relative aux substances qu'il est interdit aux positivistes de chercher à résoudre.

Le principe du monde est-il est un principe juste, poursuivant la rétribution du bien et du mal, ou un principe aveugle, indifférent, en présence des actions des hommes? C'est une question de métaphysique et d'origine, dont la solution est située dans cette région de l'inconnaissable séparée, nous dit Littré, de notre monde par un océan infranchissable pour lequel nous n'avons ni barque ni voile. Donc, selon la logique du positivisme, l'homme doit rester absolument incertain sur la question de sa destinée après sa mort.

Entre l'affirmation des matérialistes qui croient que tout finit à la mort et la grande voix de la tradition religieuse qui annonce une rétribution et menace les coupables d'un châtiment terrible, il doit rester dans le doute. Cette question capitale et suprême, il lui est interdit de s'en occuper, il sait d'avance qu'il ne pourra pas la résoudre.

Il est vrai que, sur ce point, la plupart des positivistes ne restent pas fidèles à leur système. Ils tranchent hardiment la question dans le sens négatif, ou du moins ils se comportent comme si elle était tranchée dans ce sens. Point d'âme, point de justice céleste, point de rétribution après la mort. C'est, à leurs yeux, un principe acquis. Soit qu'ils essayent d'apporter à l'appui de cette négation des arguments tirés de la science, soit qu'ils se contentent du silence seul de la science sur la destinée humaine après la mort, ils considèrent comme certain qu'il n'y a rien après la mort. Ils parviennent ainsi à rassurer dans une certaine mesure les hommes contre les châtiments futurs, mais en même temps ils confirment et déclarent certain l'abandon de toute espérance d'une économie meilleure et d'un royaume des âmes où la justice règne.

Qu'ils restent dans le doute avec interdiction d'en sortir, ce qui est la conséquence logique de leurs principes, ou qu'ils en sortent, contrairement à ces principes, pour adopter la solution négative, dans un cas comme dans l'autre, ils restreignent le champ d'action de l'intelligence humaine.

Après avoir limité l'horizon de ses recherches dans l'ordre spéculatif, en le restreignant aux purs phénomènes, ils limitent cet horizon dans le sens pratique, en ne lui assignant d'autre but que l'amélioration du sort de l'homme pendant cette vie. C'est encore ôter aux facultés humaines un des grands objets pour lesquels elles semblent être faites ; c'est parquer l'intelligence dans une étroite région ; c'est arrêter son essor et la confiner malgré elle dans un certain ordre de recherches.

Admettons que l'intelligence humaine se soumette à ce joug ; il est une autre faculté de l'âme qui sera bien autrement difficile à dompter.

Au fond le plus intime de notre nature, placée comme à la jonction entre la raison et le sentiment, siège une puissance majestueuse qui force au respect ceux mêmes qui ne lui obéissent pas.

La conscience, cette voix intérieure qui avertit l'homme au moment où il va agir, ce tribunal, qui, jugeant chacun de ses actes, le condamne ou l'absout, suivant qu'il le mérite ; la conscience, que devient-elle dans le système positiviste ? Pourra-t-elle subsister quand sera consommée la rupture entre le monde expérimental et la région supérieure de la foi et de la philosophie spiritualiste ?

La conscience présente trois caractères évidents.

Elle contient un commandement, un ordre de faire ou d'omettre tels ou tels actes. Elle oblige l'homme sans le contraindre.

Kant a très bien mis en lumière ce caractère des arrêts de la conscience. Il l'a appelé l'impératif catégorique. Le devoir parle ; il faut obéir, bien qu'on puisse se révolter.

Elle contient, en second lieu, l'idée d'une règle absolue et inflexible, d'un type idéal d'actions auxquelles l'homme doit se conformer.

Enfin, elle contient l'idée d'une sanction qui est méritée et due à l'homme, suivant qu'il a obéi aux ordres de la conscience ou qu'il leur a résisté. La conscience condamne le coupable et justifie l'innocent. Elle fait plus : elle menace le coupable d'un châtiment ; elle promet une récompense à la vertu.

Que deviennent ces lieux communs de la morale en présence d'une doctrine qui déclare toute certitude impossible sans une vérification expérimentale ? La conscience est un ordre. Qui donc commande ainsi ? Est-ce un être visible, est-ce une autorité qui tombe sous notre observation ? Non ; la conscience ne parle ni au nom d'un roi ni au nom d'un peuple. Elle est supérieure à toute autorité humaine. Est-ce donc au nom de celui même qui entend cette voix que les ordres sont prononcés ? Mais comment un homme peut-il s'obliger, se lier lui-même, ou plutôt se trouver et se reconnaître lié par lui-même, sans pouvoir se délier ? Qui lie peut délier, c'est une vérité évidente ; si donc c'est l'homme qui s'oblige lui-même, il doit pouvoir se dégager de l'obligation. Mais il ne le peut pas. Il se sent dominé par une puissance supérieure, par un principe invisible auquel il doit obéir. Comment concilier cette idée avec le positivisime?

Ou il faut admettre que la conscience est une vérité, une autorité réelle et objective, et alors il faut reconnaître une certitude supra-expérimentale, celle de la loi du devoir : le positivisme périt. Ou il faut refuser toute autorité à la conscience, déclarer qu'elle n'est qu'une illusion, un préjugé qui doit disparaître devant la science. L'autorité de la conscience et le positivisme s'excluent donc absolument : il faut choisir. La plupart des chefs de l'école l'ont senti eux-mêmes.

Le disciple de Comte, Blignière, dans son *Manuel du positivisme*, ne semble pas tenir compte de la conscience. La formule : « Agir par affection, et penser pour agir », substitue le sentiment aveugle à la lumière du devoir : cette formule convient au chien aussi bien qu'à l'homme.

Herbert Spencer est plus formel encore. Le devoir, selon lui, n'est qu'un effet de l'association d'idées et de l'hérédité. D'anciennes règles, établies à cause de leur utilité sociale, sont devenues d'abord des préjugés, puis, leur origine étant oubliée, des principes absolus. Ainsi s'est formée l'idée du devoir. Elle disparaîtra du reste plus tard, quand le progrès social aura fait que les hommes s'accorderont par sympathie, sans avoir besoin du frein de l'obligation.

Les autres aspects de la conscience ne sont pas moins contraires au positivisme. La conscience pose une règle absolue et idéale des actions humaines. Où trouve-t-elle cette règle? Est-ce dans l'expérience? Non; l'expérience nous montre, au contraire, le désordre prédominant, la loi morale partout violée. La règle des actions humaines qui serait tirée de l'observation serait toute différente de la règle morale de la conscience. Ce que les hommes font, ce qu'on prévoit qu'ils feront, est tout autre chose que ce qu'ils doivent faire, que ce qu'ils savent devoir faire. Où donc la conscience trouve-t-elle cette règle supérieure? Comment peut-elle tracer une ligne idéale fixe au-dessus de la ligne réelle des actions humaines qui tombent sous l'observation?

Dans le monde animal, cette dualité n'existe pas. Les animaux font régulièrement ce que leur nature les pousse à faire. Il y a une règle unique de leurs actions. Chez l'homme seul il y a deux lois, l'une idéale qui s'impose, l'autre pratique qui se réalise. Chez l'homme seul, le droit s'oppose à la force, le faible est protégé contre un plus fort. D'où vient donc cette loi idéale de la conscience, cette règle absolue et parfaite des mœurs? Ou elle vient d'en haut, du Père des lumières, du Verbe qui illumine tout homme venant en ce monde, et alors le positivisme s'écroule. Ou bien elle est un produit subjectif de la pensée humaine, une conception abstraite comme celle de la beauté esthétique, et alors chacun est libre de s'y conformer, ou de la modifier à son gré, ou de n'en tenir aucun compte.

Plus complète est la contradiction entre le témoignage de la conscience et la doctrine positiviste, si à l'idée d'obligation nous joignons celle de la sanction. La conscience menace le coupable d'un châtiment et promet au juste une récompense. Dans le monde actuel, tel que notre expérience nous le montre, cette rétribution s'accomplit-elle? Ne voyons-nous pas l'injustice triompher et la vertu accablée par le malheur? La grande plainte de Job, sa réclamation éloquente contre l'injustice apparente de la Providence, triomphent aisément des vaines prétentions d'un optimisme superficiel et menteur.

Donc, si rien n'existe au-dessus de ce monde, la conscience est mensongère. Pour qu'elle soit véridique, il faut qu'elle ait le droit d'invoquer un juge invisible auquel l'homme ne puisse pas échapper, même par la mort. Donc, il faut que les positivistes se résolvent à se passer du devoir, ou à remplacer le devoir : triste, mais inévitable alternative.

Arrêtons ici cette analyse, et demandons-nous en quoi consiste avec précision cette grande révolution dans les pensées et les sentiments de l'homme que devrait produire l'avènement définitif et le règne non contesté du positivisme.

Nous avons reconnu que, de tous côtés, l'humanité, avant l'avènement du positivisme, était suspendue à un monde supérieur à l'expérience, qu'elle trouvait ou croyait trouver dans ce monde la satisfaction de ses plus puissantes opérations, les trésors où doit puiser son imagination, l'objet suprême de ses affections, la réponse aux problèmes que se pose constamment sa raison, et en particulier au grand problème éminemment pratique de sa propre destinée, et, ce qui est plus important encore, le principe régulateur de ses actions, le frein qui doit contenir dans l'ordre ses appétits et ses passions, la loi de la justice et sa sanction.

Ce sont tous ces liens avec un monde supérieur que le positivisme, s'il est logique, est tenu de couper sans faiblesse et sans miséricorde. C'est comme une terrible opération chirurgicale, qui doit détacher l'homme de cet ensemble de principes, d'où son être moral tire sa subsistance.

L'humanité, portée jusque-là comme l'enfant qui tire de sa mère sa nourriture, devra désormais vivre et se nourrir seule. Après cette opération, l'être moral est-il encore viable ? En supposant qu'il puisse se résigner à ces suppressions et se consoler de ces pertes, la doctrine nouvelle lui fournit-elle des organes pour remplacer ceux qu'elle lui a enlevés ?

C'est ce qui nous reste à examiner rapidement.

IV

Les docteurs de la philosophie moderne présentent, pour la plupart, deux principes qui doivent, dans le nouvel état de l'humanité, suppléer à ceux qu'il a fallu sacrifier.

A la place de l'idée d'un bonheur individuel complet et durable, ils donnent comme objet d'espoir le bonheur futur de l'humanité sur cette terre.

A la place du devoir, ils présentent le dévouement, la sympathie, l'altruisme, opposé à l'égoïsme.

Essayons d'apprécier la valeur de ces principes

que le positivisme veut substituer à ceux qui ont soutenu l'humanité jusqu'à ce jour.

En premier lieu, demandons-nous de quel bonheur il s'agit, lorsqu'on parle du bonheur futur de l'humanité.

Est-ce d'un bonheur complet et durable comme celui que l'homme désire naturellement pour lui-même et que la religion et la philosophie spiritualiste proposent comme récompense à ceux qui pratiquent la vertu?

Nullement. Personne n'a la prétention de supprimer totalement les causes de souffrance des hommes. Personne n'a l'espoir de supprimer la mort, ni même de l'empêcher de frapper au hasard et d'enlever les êtres les plus nécessaires et les plus aimés.

On peut diminuer les souffrances causées par la maladie, on n'espère pas les détruire entièrement. Peut-on croire, étant donnée l'humanité telle qu'elle existe, que les rivalités, les jalousies, les haines disparaîtront jamais sur cette terre? On peut s'efforcer de combattre la pauvreté, mais peut-on jamais donner à tous les hommes la richesse? Quands ils l'auraient, d'ailleurs, la richesse rend-elle vraiment l'homme heureux ici-bas?

Donc, les grandes causes de souffrance qui empêchent l'individu d'espérer sur cette terre le bonheur auquel son âme aspire, ces causes qui tiennent à la condition générale de l'humanité, sont tout aussi destructives d'un bonheur social dans l'avenir que d'un bonheur individuel dans le présent.

Que peut-on donc espérer?

Uniquement une amélioration du sort de l'humanité, une diminution de ses souffrances. C'est un bien réel, un bien très désirable, mais un bien qui ne remplace nullement l'idée d'une récompense future.

Elle la remplace d'autant moins, que cette amélioration du sort terrestre de l'humanité ne sera probablement pas sentie, et que, dans des conditions extérieures meilleures, l'humanité ne se sentira pas plus heureuse.

Privée, en effet, de l'espoir d'un bonheur après la vie, confinée dans le monde terrestre, elle portera vers l'acquisition des jouissances qui, seules, lui sont accessibles, toute la force de ses désirs. Elle sera poussée à désirer une somme de jouissances plus grande que sa condition ne le lui permet. Ses désirs augmentant, la souffrance d'être privée de l'objet désiré augmentera en même temps. Le mirage d'un bonheur parfait dans l'avenir, présenté à l'humanité pour la consoler de la perte des espérances célestes, ne fera que lui causer des déceptions successives qui augmenteront ses souffrances.

Remarquons, en outre, que cette poursuite de l'amélioration du sort de l'humanité, aussi réduite à ses proportions possibles, n'est nullement le privilège du positivisme. Cette amélioration peut être et a été poursuivie par des hommes ayant les opinions les plus diverses.

Le progrès social véritable, le progrès lent, mais sûr et sans retour en arrière, des classes souffrantes vers un état meilleur a été, depuis dix-huit siècles, l'œuvre du christianisme. Cette œuvre se poursuit sous nos yeux par le dévouement chrétien. Quel progrès plus grand que d'assurer un repos et des soins affectueux à la vieillesse indigente et abandonnée! C'est ce que font maintenant dans le monde entier, sous l'impulsion de la foi chrétienne, les Petites Sœurs des pauvres.

Ce n'est donc pas un principe nouveau que la doctrine moderne apporte pour remplacer les espérances dont elle prive l'humanité. C'est un principe ancien, déjà en activité depuis bien des siècles, dont l'utilité est immense, mais qui, évidemment, ne suffit pas à donner au cœur humain ce qu'il désire et ce qui peut satisfaire ses aspirations légitimes.

Comment apprécier maintenant cette autre pensée des docteurs modernes, qui consiste à supposer que le principe du devoir pourra être remplacé par le dévouement, ou, pour parler leur langage, par l'altruisme se substituant à l'égoïsme ?

Ici encore, il ne s'agit pas d'un principe nouveau, mais d'un principe éminemment chrétien et que le dogme chrétien tend à développer dans les âmes.

Quel espoir raisonnable peut-on avoir de voir ce principe de dévouement se développer dans l'avenir au point de pouvoir remplacer le devoir ? Herbert Spencer fait cette prophétie en s'appuyant sur l'idée que la société est à présent dans un état de transition, que l'humanité se mettra en harmonie avec les conditions de son existence et qu'alors la contrainte du devoir deviendra inutile, et que l'amour mutuel des hommes suffira pour établir la paix et la joie dans la société.

Cela est facile à dire, mais cela est bien difficile à prouver.

Sans doute, si les progrès scientifiques pouvaient apporter le bonheur parfait aux hommes, peut-être pourrait-on avoir quelque espoir qu'ils s'aimeraient les uns et les autres, et encore il faudrait compter avec les passions de toute nature, avec l'ambition et la jalousie que des satisfactions matérielles n'apaiseront jamais.

Mais si l'homme reste mortel, condamné à la souffrance, à une pauvreté relative, à gagner son pain péniblement à la sueur de son front, si les inégalités sociales subsistent, si les hommes ont toujours à lutter pour la vie, on ne voit pas pourquoi l'altruisme se développerait aussi.

Certainement le principe du dévouement est dans le cœur de l'homme, mais il faut qu'il soit entretenu, nourri et développé. Il l'est d'une manière toute spéciale dans la religion chrétienne, par de nobles exemples et par les dogmes qui montrent l'amour de Dieu pour la créature.

Comment ce principe sera-t-il entretenu et nourri dans une société positiviste? Comment l'homme, enfermé dans des pensées terrestres, préoccupé principalement d'étudier les lois physiques pour exploiter le monde matériel, sera-t-il soulevé au-dessus de lui-même, pour être porté à se dévouer aux autres?

Rien donc ne fait prévoir ce grand développement de l'altruisme sur lequel les positivistes comptent pour remplacer le devoir.

Du reste l'expérience s'accomplit sous nos yeux. Le positivisme pratique règne dans la société actuelle, en ce sens que l'idée de Dieu et de la vie future est de plus en plus oubliée. Or y voit-on vraiment le développement général de ce principe de dévouement? N'est-ce pas l'égoïsme et l'amour du plaisir personnel qui entraînent la multitude des hommes de toute condition?

Cela était facile à prévoir. Selon l'ancienne morale, on posait à la base, pour contenir les passions et réprimer les excès de l'égoïsme, le frein du devoir et la crainte d'une sanction céleste. Une fois les penchants inférieurs ainsi réprimés en partie, les enseignements et les exemples du christianisme tendaient à développer, dans les âmes ainsi affranchies, l'amour de Dieu et du prochain ; ces sentiments désintéressés croissaient sous cette influence. C'était une culture rationnelle du principe du dévouement.

Selon la morale nouvelle, on procède tout autrement. On commence par supprimer les freins qui contenaient les penchants égoïstes et inférieurs : donc ces penchants doivent se développer. On s'attaque ensuite aux grands exemples de dévouement que présente le christianisme. Comme les chrétiens qui ont pratiqué l'amour du prochain à un degré héroïque se sont toujours crus soutenus par une force supérieure, comme ils attribuaient leur force à des dogmes que le positivisme rejette, à des sacrements qu'il déclare inefficaces, il faut, ou bien écarter ces exemples, ou bien attribuer aux saints des pensées, des sentiments, des mobiles d'action qu'ils n'ont jamais eus. L'excitation au dévouement par l'exemple est donc singulièrement diminuée. On espère néanmoins que les penchants altruistes croîtront tout seuls et détruiront par leur vitalité les principes contraires. Cela n'est-il pas souverainement invraisemblable ?

Non, la prophétie d'Herbert Spencer est une prophétie menteuse et la vraie prévision de l'avenir est tout autre que les perspectives riantes qu'il nous présente.

Au lieu de ce paradis chimérique qu'il place dans l'avenir, ne peut-on pas raisonnablement prévoir une évolution toute contraire ? Ne peut-on pas dire que l'homme deviendra de plus en plus égoïste et esclave des passions violentes ?

Voici, en effet, ce qui semble devoir résulter des principes de la nouvelle école.

L'idée de l'obligation de l'homme envers Dieu, et même simplement envers la conscience, aura disparu. Mais l'idée fondamentale de justice, plus tenace que celle de l'obligation, subsistera un certain temps.

Cette idée de justice prendra la forme de la passion de l'égalité entre les hommes, de la haine de toute supériorité. Elle tendra à niveler la société.

Mais comme l'établissement d'une égalité absolue est impossible, comme il restera toujours et qu'il se reformera toujours une hiérarchie quelconque, un jour viendra où l'idée même de justice s'ébranlera et où les hommes se diront : Puisqu'il faut nécessairement des heureux et des malheureux, des riches et des pauvres, soyons les heureux, soyons les riches, soyons-le à tout prix, par tous les moyens. Puisqu'il n'y a plus de Dieu qui commande le bien et repousse le mal; puisqu'il n'y a plus de sanction à craindre; puisque l'idéal d'un bonheur égal pour tous est impossible, arrangeons-nous pour être les plus forts et pour que l'inégalité nécessaire soit à notre profit : ce sera le règne de la force, ce sera la barbarie.

Est-ce être bien sévère pour la nature humaine que de croire que toutes les prédications d'altruisme seront sans effet sur la masse des hommes pour combattre les passions déchaînées auxquelles le frein du devoir a été enlevé ?

N'est-ce pas seulement chercher à ne pas se faire d'illusion, à voir l'humanité telle qu'elle est ? N'est-il pas vrai, comme l'a dit un des maîtres de la tribune française, que, dans les vicissitudes des sociétés humaines, on retrouve toujours « le vieil homme et ses vieux péchés » ?

Nous ne croyons pas que le positivisme ait des principes capables de faire tout d'un coup, et d'une manière complète, ce que le christianisme fait lentement et partiellement, de remplacer le vieil homme par un homme nouveau. Il faudrait pour cela que la nouvelle doctrine possédât un pouvoir magique ; l'œuvre qu'elle ferait serait cent fois plus miraculeuse que l'œuvre de rénovation qu'a accomplie l'Évangile sur la terre. Nous demandons la permission d'attendre, pour croire à cette transformation, qu'elle ait au moins commencé à s'accomplir.

Telles sont les graves difficultés de la doctrine nouvelle. Ceux qui l'ont adoptée à l'origine ont pu ne pas en être frappés ; ils attribuaient les maux de l'humanité aux doctrines existantes qu'ils cherchaient à détruire. Ils croyaient faire une œuvre bienfaisante en délivrant l'humanité du joug de croyances qu'ils considéraient comme superstitieuses et erronées. Ils espéraient trouver dans la science le secret du bonheur. Ils étaient dans la période de l'enthousiasme. Leur œuvre d'ailleurs était facile sous bien des rapports, car l'homme s'accoutume aisément à se tourner vers les choses visibles ; ce n'est jamais qu'avec effort qu'il se met en présence des réalités supérieures qui cependant lui sont nécessaires.

Mais, à mesure que le temps s'écoule, à mesure que s'étend d'une manière pratique le règne de la doctrine nouvelle, à mesure que la foi religieuse et la croyance philosophique perdent du terrain, les défauts et la faiblesse du système deviennent de plus en plus évidents. Aussi nous devons considérer la réaction actuelle comme l'effet du sentiment confus de l'insuffisance et des difficultés du positivisme, comme le soulèvement des aspirations profondes de la nature humaine, froissées et privées de l'objet vers lequel elles tendent.

Ce mouvement de retour vers le spiritualisme a donc des causes profondes et puissantes. Ceux qui essayent de s'en faire les interprètes et de le diriger ont à leur disposition d'immenses ressources; ils peuvent faire vibrer bien des cordes de notre nature, et leur parole trouvera de l'écho dans bien des cœurs; elle est attendue et désirée; elle répond à des besoins profonds et impérieux.

Pouvons-nous néanmoins tirer de cette première partie de notre étude une conclusion favorable au succès de cette réaction? Non, ce serait aller trop vite. Ce serait ne tenir compte dans notre appréciation que des causes de la réaction et non des obstacles qu'elle rencontre devant elle. C'est sur ces obstacles que nous devons maintenant jeter les yeux.

CHAPITRE II

LES OBSTACLES QUE LA RÉACTION DOIT VAINCRE

La doctrine positiviste contient deux assertions distinctes, bien qu'intimement unies l'une avec l'autre. La première est celle-ci : l'humanité n'a pas besoin d'un monde supérieur à notre monde, d'un au-delà. La seconde peut être formulée comme il suit : l'humanité ne peut, par aucun procédé légitime aux yeux de la raison, parvenir à la connaissance de ce monde supérieur, de cet au-delà qu'elle désire.

La première assertion n'est pas soutenable : nous l'avons montré dans notre premier article. C'est le besoin universel et pressant de cet au-delà, besoin un instant comprimé ou trompé par des espérances illusoires, qui ramène l'humanité vers les doctrines anciennes que la philosophie négative croyait avoir vaincues définitivement.

Mais la seconde assertion subsiste. Tant qu'elle subsistera, elle sera le véritable et insurmontable obstacle à la réaction.

Nous avons donc à examiner sur quoi repose cette assertion, quelles en sont les preuves, et comment elle s'est emparée des esprits de nos contemporains.

Je laisse de côté, parmi les arguments présentés par les positivistes, ceux de pure logique, les raisonnements philosophiques abstraits. Ces arguments n'ont d'action directe que sur les philosophes et les logiciens de profession. Ils n'agissent qu'indirectement sur la masse des esprits ; leur influence ne serait pas assez forte pour arrêter le mouvement de retour vers le spiritualisme, si ce mouvement était vraiment puissant.

Quand le cœur et la conscience parlent haut, la logique pure perd de sa force ; on passe outre aux objections quand on aime la vérité, qu'on la désire et qu'on en sent les bienfaits.

Mais il existe, en faveur des doctrines négatives, des arguments tout autrement formidables. Ce sont des arguments pratiques que tous les esprits peuvent saisir ; ce sont des raisons spécieuses appuyées en apparence sur des faits évidents que tout le monde peut voir et dont tout le monde se croit le droit de tirer la conclusion.

C'est la puissance de ces arguments populaires qu'il nous faut maintenant apprécier.

Il en existe deux, tendant à déclarer impraticables les deux routes par lesquelles l'humanité a, depuis un temps immémorial, cru qu'elle pouvait parvenir à la connaissance de ce monde supérieur qui lui est si nécessaire.

Le premier, dirigé contre la foi religieuse, est tiré de la diversité des religions.

Le second, dirigé contre la métaphysique spiritualiste, s'appuie sur les contradictions des philosophes.

De tout temps, et dans toutes les contrées de l'univers, les hommes ont cru et croient posséder une connaissance certaine de cet au-delà mystérieux, en acceptant, à titre de vérité, l'enseignement traditionnel d'une religion. C'est par la croyance à de tels enseignements que les âmes s'élèvent au-dessus du monde expérimental.

Or il est certain que les traditions des différents peuples sont diverses et contradictoires entre elles, qu'elles contiennent des dogmes opposés, s'appuient sur des révélations inconciliables et s'accusent mutuellement d'erreur et d'imposture.

D'autre part, il n'est pas moins certain qu'entre les effets moraux de ces diverses religions, il y a une grande analogie ; qu'elles produisent, à des degrés très divers il est vrai, la crainte d'un châtiment céleste, l'espérance d'une récompense, la confiance dans la protection divine, l'enthousiasme et l'amour pour des réalités supérieures au monde visible.

En outre, cette action puissante et souvent bienfaisante des religions semble soumise à une condition unique, la croyance à l'enseignement traditionnel. Plus cette croyance est forte, plus la religion est efficace ; plus la croyance s'affaiblit, plus s'affaiblit cette influence spéciale de la religion sur les âmes.

La conclusion qui semble résulter de ces faits d'expérience, c'est que la vérité objective de ce qui est enseigné dans chaque religion n'est pour rien dans l'action que cette religion exerce sur les âmes. En effet, cette vérité objective ne peut pas exister à la fois dans plusieurs religions contradictoires, et cependant l'action morale de ces religions est semblable. De plus, cette vérité objective n'est pas nécessairement liée à la croyance subjective des fidèles des diverses religions. Croyant des choses opposées, si les uns possèdent la vérité, d'autres sont nécessairement dans l'erreur. Comme d'ailleurs l'action morale de la religion dépend de la croyance des fidèles et que cette croyance elle-même ne dépend pas nécessairement de la vérité de son objet, il s'ensuit que l'action efficace des religions est indépendante de la vérité de l'objet de l'enseignement traditionnel qui les constitue.

Dès lors, sur quoi peut reposer la vérité de cet enseignement?

Si ce n'est pas sur les effets actuels de la religion, ce ne peut être que sur les faits qui ont accompagné son origine et son apparition sur la terre.

Mais, ici encore, ne trouvons-nous pas entre les religions diverses et opposées une grande similitude? Miracles, oracles prophétiques, biographie merveilleuse ou idéale d'un fondateur, tous ces faits, considérés par les adhérents de chaque religion comme une preuve de la vérité exclusive de la doctrine qu'il professent, se rencontrent dans diverses religions; ils ne sont donc pas liés, plus que les effets moraux actuels de chaque culte, à la vérité objective de la croyance.

Donc il faut renoncer à parvenir à une connaissance certaine du monde supérieur où la religion nous introduit. La croyance erronée produisant les effets que l'on attribue à une croyance vraie et étant marquée des mêmes caractères, toute croyance religieuse est suspecte. Quiconque a pris connaissance de l'ensemble des phénomènes que raconte l'histoire religieuse de l'humanité deviendrait par là même, si cette objection était fondée, incapable d'adhérer d'une manière absolue à une religion particulière : l'ignorance serait la condition de foi.

Hâtons-nous de dire que la force de cette objection n'est qu'apparente. La similitude entre les religions n'est pas complète, comme on le suppose. Le christianisme est une religion transcendante qui présente des caractères uniques. Les effets moraux semblables des diverses religions peuvent provenir de la vérité partielle qu'elles contiennent, et qui leur est commune avec l'unique vraie religion. On conçoit que les religions répondent à un besoin urgent de l'humanité, ceux qui ne possèdent pas la religion vraie inventent une religion fausse, et qu'il y ait entre l'une et l'autre les mêmes caractères de ressemblance apparente qui existent entre la vraie et la fausse monnaie.

Nous pourrions, en développant ces considérations, répondre à l'objection que nous venons d'exposer; nous le ferons dans la suite de ce travail. Mais nous devons constater que, dans l'état actuel des esprits, cette objection a une très grande puissance, qu'elle a la force d'un préjugé universel, presque celle d'un axiome incontesté dans toute la partie de la société qui n'est pas fermement attachée aux croyances chrétiennes, et que, même parmi les chrétiens, un grand nombre sont frappés et troublés par la multiplicité des religions et leur ressemblance apparente, et ayant peine à se rendre compte du vrai motif de leur foi, croient à tort qu'elle ne repose que sur le sentiment et ne peut se maintenir qu'en fermant les yeux aux arguments des adversaires.

Voilà donc la première porte ouvrant sur le monde supérieur qui semble fermée.

Rien de certain ne peut être obtenu sur les réalités invisibles par le seul témoignage des traditions religieuses.

Le raisonnement philosophique sera-t-il plus heureux? Une puissante école moderne l'a cru. Rousseau n'a pas craint de saper par sa critique les fondements de la révélation chrétienne, se croyant sûr de trouver, dans les données extraites de la raison et de la conscience humaine, cette certitude et cette unanimité d'adhésion qui semblaient manquer au dogme révélé.

La *Profession de foi du vicaire savoyard* contient deux thèses : l'une négative, dirigée contre la religion chrétienne; l'autre affirmative, où l'auteur défend éloquemment la religion naturelle. Rousseau a eu des successeurs qui ont développé sa pensée. Substituer au christianisme le spiritualisme philosophique, maintenir ce que la raison démontré, en rejetant ce que la foi affirme, telle est l'œuvre à laquelle se sont consacrés les disciples de Rousseau. Jouffroy et Jules Simon, à un quart de siècle d'intervalle, ont marché dans la même voie. La partie négative de leur tâche, l'attaque contre la révélation, était relativement facile. Mais quand il s'est agi de fonder une doctrine certaine sur la raison seule, ils se sont heurtés à une difficulté analogue à celle que nous avons signalée plus haut, ou plutôt à une autre forme de la même difficulté. Si les religions révélées sont diverses, les systèmes philosophiques le sont tout autant, sinon davantage.

Si l'on parcourt l'histoire de la pensée humaine, si l'on cherche à rassembler dans un seul tableau toutes les solutions diverses que les sages de la Grèce, de l'Inde et, dans les temps modernes, les philosophes de la France, de l'Allemagne et de l'Angleterre ont données des mêmes problèmes, on se trouve en présence d'une immense confusion, d'un chaos d'opinions contradictoires. Dieu est-il immanent ou transcendant, personnel ou impersonnel, réel ou idéal ? Dieu est-il distinct du monde ou se confond-il avec l'univers. Le monde procède-t-il de Dieu par une loi fatale ou par un choix libre ? Ces questions et une foule d'autres reçoivent les réponses les plus diverses.

Quelle certitude attendre d'une faculté qui conduit à des résultats si incohérents ?

Si, en face de ces contradictions de la philosophie, nous plaçons la certitude tranquille de la science expérimentale, l'assentiment universel qu'elle obtient, la vérification constante de ses résultats, la nature venant répondre d'une manière uniforme à chaque question de la science, et obéissant à chacun de ses ordres, n'y a-t-il pas lieu de s'écrier : D'un côté est l'hypothèse, le rêve, l'incertitude ; de l'autre est la vérité?

Un philosophe moderne anglais (1) a exprimé cette opinion sous une forme ingénieuse. Il a comparé les diverses parties de la connaissance humaine aux composés chimiques suspendus ou dissous dans un liquide. Une partie de ces corps reste fluide et soumise aux agitations du liquide ; l'autre se cristallise et se fixe sur les parois. Tel est, dit-il, le rapport de la métaphysique avec la science. La métaphysique, ce sont les hypothèses variables et inconsistantes qui changent au gré de leurs auteurs, parce qu'elles ne s'appuient pas sur des faits. La science, c'est la partie fixe de la connaissance humaine, celle qui, semblable aux cristaux, déposée sur une paroi

---

(1) *L'alternative*, par Clay.

solide, est devenue certaine et immuable. Or tout ce qui regarde Dieu et la vie future appartient à la métaphysique et non à la science expérimentale.

Il n'y a donc aucune certitude dans les résultats du raisonnement philosophique, et il faut reconnaître que cette seconde route conduisant à l'infini est aussi impraticable que la première.

Ici encore, nous devons dire qu'il y a réponse à l'objection : nous montrerons plus loin qu'elle résulte d'une vue superficielle des faits. Il y a une philosophie éternelle qui peut se défendre contre les systèmes particuliers. Il est possible de tirer du bon sens de l'humanité et de la conscience certaines vérités, et même de montrer qu'elles subsistent toujours, sous des formes et des apparences diverses, chez tous les peuples. Il est possible de dégager les principes fondamentaux de la raison, admis pratiquement, bon gré, mal gré, par les sceptiques eux-mêmes, d'en tirer les conséquences légitimes.

Néanmoins l'idée simple que les contradictions des philosophes proviennent de l'impuissance de la raison spéculative, tandis que l'unité, la stabilité, la certitude des résultats de la science, proviennent de ce que l'expérience est le vrai moyen d'atteindre la vérité, cette idée simple a une sorte de fausse évidence apparente qui lui donne un grand empire sur les esprits.

Ainsi, de ces deux grands faits évidents : la multiplicité des religions et la diversité des systèmes de philosophie, semble sortir une conséquence inéluctable, à savoir : la double incapacité de la croyance religieuse et du raisonnement philosophique pour percer le voile des faits sensibles et visibles et nous faire pénétrer jusqu'à des réalités invisibles et transcendantes. Telle est la grande force pratique du positivisme. Tel est, par conséquent, le grand obstacle au succès des tentatives modernes de retour vers le spiritualisme.

Ici se pose une grave question.

En présence d'un tel obstacle, il y a deux partis à prendre. On peut essayer de le tourner sans le détruire, d'établir une doctrine en le laissant subsister. On peut, au contraire, l'attaquer en face et essayer de le renverser.

C'est la première tactique qui a été suivie jusqu'à présent par les chefs du mouvement d'opinion contraire au scepticisme régnant. Nous avons à examiner si, en prenant ce parti, ils peuvent réellement faire triompher leur cause. Si nous reconnaissons que cet espoir est vain, qu'en laissant subsister l'obstacle, en acceptant sans protester les conséquences déduites de la diversité des religions et des philosophies, il est impossible de sortir du cercle de fer dans lequel l'humanité moderne est enfermée, nous aurons à nous demander si l'autre tactique n'est pas préférable, et s'il n'est pas possible de contredire directement ces deux préjugés si puissants et de rétablir l'autorité de la croyance religieuse et de la raison philosophique.

I

Avant d'expliquer les conséquences de l'attitude prise par les chefs de l'école actuelle, commençons par bien définir cette attitude. Avons-nous tort de dire qu'ils laissent subsister l'obstacle que nous venons de décrire, et ne s'efforcent point de le renverser?

Sans doute, la plupart d'entre eux se disent personnellement chrétiens, et, quand ils parlent de religion, c'est au christianisme qu'ils font allusion.

Le christianisme est, à leurs yeux, la plus belle et la plus sublime des religions. Il est aussi la religion de l'Europe moderne, c'est-à-dire des peuples les plus civilisés de l'univers, de ceux qui tendent à imposer leurs mœurs, leurs usages, leurs lois au monde entier. C'est, en outre, dans le courant de la tradition chrétienne que nous tous, Français ou Européens, avons puisé les notions religieuses ; le christianisme est la religion de notre race et de nos ancêtres.

A tous ces titres, il peut passer, aux yeux de l'école nouvelle, pour représenter l'idée religieuse, pour en être, à notre époque, et dans les régions que nous habitons, la forme vivante et concrète.

Mais c'est à cela que paraît se borner l'adhésion officielle des chefs de la nouvelle école à la doctrine chrétienne. Quelles que puissent être leurs convictions individuelles, ils ne professent pas que le christianisme soit la vérité absolue, ils ne le considèrent pas comme possédant seul, par une révélation divine, le secret de la destinée de l'homme. En un mot, le néo-christianisme diffère du christianisme véritable.

Or, par cela seul, ils acceptent le premier des deux principes négatifs que nous avons exposés. Si, en effet, le christianisme n'est pas la seule religion vraie, et s'il est en même temps supérieur à toutes les autres religions, il est évident qu'aucune religion n'est absolument vraie, et que la croyance religieuse ne peut donner à l'homme aucune certitude sur la réalité de son objet. Ce que le christianisme ne peut pas faire, aucune religion ne le fera.

Aussi ne nous étonnons pas que l'un des chefs de l'école, celui qui a voulu appeler à une œuvre commune tous les hommes de bonne volonté, quelles que fussent leurs croyances, ait graduellement passé, à l'égard du christianisme et surtout de l'Église catholique, d'une attitude de bienveillance dédaigneuse et protectrice à une attitude voisine de l'hostilité. Après avoir conseillé à l'Église de se convertir et de s'occuper des pauvres, qu'elle a, selon lui, négligés jusqu'ici, il s'est décidé à rejeter comme puérile la preuve de la religion par les miracles, démonstration jugée à la fois solide et nécessaire par tous les chrétiens. C'est la logique même de son système qui le poussait dans cette voie, du moment qu'il prétendait donner à sa théorie un caractère définitif et absolu.

Les autres personnages qui ont provoqué et dirigé ce mouvement n'ont pas, il est vrai, suivi M. Desjardins dans cette évolution. Ils sont restés dans un christianisme vague, évitant de se heurter contre les doctrines précises de l'Évangile et de l'Église.

Ils ont pu garder cette attitude, parce que, moins

ambitieux que celui dont nous venons de parler, ils n'ont voulu être que des précurseurs, des cigognes, comme l'a dit d'eux une voix amie, donnant l'impulsion à un mouvement sans prétendre le diriger jusqu'au bout, et qu'ils ne cherchent pas à poser, entre leur état d'esprit et l'adhésion précise à l'Évangile, une limite précise ni surtout une barrière infranchissable. C'est grâce à cette modestie louable qu'ils ont évité un conflit avec l'Église.

Quoi qu'il en soit, il est certain que les uns et les autres laissent subsister, sans le combattre, le préjugé qui consiste à tirer de la diversité des religions une objection contre la certitude de tout enseignement fondé sur une révélation. Ont-ils suivi une méthode différente en présence du second des principes négatifs que nous avons exposés, de ce scepticisme à l'égard de toutes les données métaphysiques, ayant pour fondement les contradictions des philosophes?

Leur spiritualisme est-il plus précis et plus affirmatif que le christianisme?

Il suffit d'ouvrir leurs ouvrages pour reconnaître qu'il n'en est pas ainsi. Si le christianisme n'est de la part de cette école que l'objet d'une demi-adhésion, formée de respect et de sympathie, le spiritualisme philosophique semble complètement dédaigné. Le nom de Dieu est quelquefois prononcé dans cette école, mais sans qu'il soit dit si ce Dieu est celui d'Hegel, de Spinosa, celui de Rousseau ou le Dieu chrétien. Il est souvent parlé du devoir, mais que signifie ce terme? Est-ce le devoir comme le concevait Kant, l'impératif catégorique ne pouvant commander qu'à un être libre ; ou bien est-ce le devoir de M. Fouillée, simple idée-force qui n'est que l'un des poids dans la balance du déterminisme? On serait bien embarrassé pour le dire. Enfin, sur la grande question de la vie future, le silence est à peu près absolu. L'avenir poursuivi par l'école semble être exclusivement le bonheur terrestre futur de l'humanité.

Dès lors, il est facile de reconnaître que, si les tendances de l'école sont diamétralement opposées à celles des positivistes, ses doctrines ne sont guère différentes des leurs. S'ils sont mécontents de ce que leur fournit le monde tel que la seule observation nous le révèle, les nouveaux docteurs n'ont pas de données certaines à ajouter à celles que l'expérience fournit. Ils voudraient franchir la barrière du monde visible, mais ils ne montrent aucune porte conduisant à l'au-delà. On a dit de ceux d'entre eux qui parlaient toujours de l'action, sans dire ce que l'humanité devait faire, qu'ils ressemblaient aux chanteurs, sur le théâtre, qui chantent : « Marchons ! » et restent toujours sur la scène. Il y a quelque chose de vrai dans ce reproche. Ils nous disent : « Sortons de la prison des sens et des choses visibles », et ils y restent, ne sachant comment en sortir.

Faut-il cependant considérer ce reproche comme la condamnation de l'école? Nullement; ce serait une erreur et une injustice. Cette attitude des chefs de la réaction est excusable. Je dis plus, elle est pour ainsi dire nécessaire : elle est dans leur rôle.

S'ils étaient des chrétiens convaincus de la vérité du christianisme, ou des philosophes professant un spiritualisme réel et déterminé, ils ne seraient pas ce qu'ils sont, ils ne parleraient pas au même public, ils n'exerceraient pas sur les esprits l'influence qu'ils exercent.

Ce sont, ou bien des positivistes en train de se convertir à une doctrine plus élevée, ou bien des hommes ayant pris à tâche de conduire vers une autre région de la pensée des disciples pénétrés par les idées positivistes. Dès lors ils doivent soit être imbus eux-mêmes des préjugés positivistes, soit tout au moins ménager ces préjugés et parler de manière à être compris par ceux qui en sont imbus. Il faut qu'il y ait une sympathie de pensée entre eux et le monde qu'ils veulent remuer.

Aussi nous ne pouvons leur faire un reproche de n'avoir, au début de leur entreprise, que des principes vagues, ou même de s'appuyer sur des sentiments plutôt que sur des principes.

Mais nous avons le droit d'examiner s'ils peuvent impunément rester dans cet état d'esprit, si, en continuant comme ils ont commencé, en laissant subsister les deux grandes objections que nous venons d'exposer, ils parviendront à modifier d'une manière durable et bienfaisante l'état des esprits ; si leur œuvre, en supposant qu'ils résistent à toute modification de sa forme primitive, grandira et subsistera, si elle sera une force et un secours pour les sociétés en péril et les âmes dans l'angoisse.

II

Or, il ne faut pas un bien long examen pour montrer que la réponse à cette question est négative.

Si, en effet, le mal dont souffre l'humanité contemporaine, le mal qui est précisément la cause de la réaction dont nous parlons, c'est l'absence de convictions solides et sûres relativement aux objets qui dépassent l'expérience, comment guérir ce mal, si l'on reste dans l'impuissance de former une base à de telles convictions?

Apaisera-t-on la soif de bonheur de l'humanité par un peut-être sur une existence future? La conscience trouvera-t-elle son appui, pour résister aux attraits violents de la passion, dans des formules vagues et des paroles qui ne correspondent à aucun objet précis?

Ce qu'ont fait et ce que font les religions et les philosophies sérieuses, c'est de donner à l'homme une règle de conduite venant d'en haut. Comment établir une pareille règle si, ni par la foi religieuse ni par le raisonnement philosophique, on ne peut s'élever au-dessus des faits expérimentaux?

On comprend qu'à l'origine d'un mouvement tel que celui que nous décrivons, on ne sente pas cette impossibilité. On était dans une situation pénible, mal à l'aise dans la région glacée du matérialisme. Des hommes se lèvent et promettent un meilleur avenir. Ils ont de la science, du talent, de l'ardeur et du dévouement. Volontiers on les écoute et on essaye de les suivre. Mais bientôt vient le moment où il faut savoir de quel côté on marche; bientôt aux promesses vagues doivent succéder les réalités; on s'aperçoit vite alors qu'il ne suffit pas de désirer un objet ni d'en sentir le besoin pour le posséder.

Qu'arrivera-t-il alors, et vers quelles régions le vent qui a soulevé cette réaction jettera-t-il ceux qui, après avoir essayé de sortir des bornes du monde des faits visibles, s'apercevront qu'ils y sont encore enfermés ?

Il en est évidemment qui ne se résigneront pas à cet échec. A défaut d'une route rationnelle conduisant au monde supérieur, ils chercheront quelque autre moyen de se créer des croyances et des convictions, et de soulever le voile qui nous cache notre destinée.

La science interdit, dit-on, toute connaissance du monde invisible.

Laissons la science de côté, abandonnons ses méthodes, et entrons dans les routes qu'elle réprouve. La science condamne les communications mystiques avec un autre monde : elle les déclare vaines : nous ne tiendrons pas compte de son arrêt.

Nous reviendrons aux traditions qui régnaient avant le triomphe de la science ; nous briserons les barrières qu'elle a posées.

Cela peut être prévu. N'est-ce pas déjà arrivé en partie ?

Ne voyons-nous pas, parallèlement au mouvement de réaction vague et timide dont nous parlons, un autre mouvement provenant des mêmes causes, de l'insuffisance du positivisme? Le spiritisme, dont les adhérents augmentent en nombre, cherche à suppléer aux révélations passées par des prétendues communications actuelles avec les âmes des défunts. La théosophie cherche, dans des pratiques occultes qu'elle emprunte ou plutôt qu'elle croit emprunter aux fakirs de l'Himalaya, des moyens de franchir la barrière qui nous sépare du monde invisible.

Ces tentatives irrationnelles d'atteindre un monde supérieur ne sont encore que des faits isolés. Néanmoins ces faits sont significatifs. C'est un mouvement qui va grandissant et qui se propage dans certains milieux par un apostolat assez actif. C'est, en général, la vieille doctrine de la métempsycose, qui fait le fond des systèmes des nouvelles doctrines de l'occultisme. Il se passe donc à notre époque quelque chose d'analogue à ce qui s'est passé autrefois. Les très anciennes traditions de l'humanité contenaient à peu près l'idée chrétienne d'une épreuve unique de la liberté et d'un sort définitif, heureux ou malheureux, selon la conduite des hommes pendant cette vie. Quand ces traditions se sont affaiblies, elles ont été remplacées, chez plusieurs peuples, par l'hypothèse de la transmigration des âmes, et des épreuves successives en nombre indéfini. C'était transporter sur cette terre, au sein même du monde visible, le séjour inconnu et mystérieux des défunts. C'était essayer de satisfaire les besoins de la conscience et de révéler à l'homme son avenir, sans sortir des données de l'observation, puisqu'on croyait retrouver les âmes des défunts dans des corps visibles d'hommes ou d'animaux. On peut déterminer, en parcourant la série successive des croyances de l'humanité, la place où apparaît, dans l'Égypte, dans l'Inde et dans la Grèce, l'idée de la métempsycose et où cette idée est venue soit remplacer celle d'un ciel ou d'un enfer éternel, soit se greffer sur cette antique notion.

N'est-ce pas quelque chose de semblable qui se passe de nos jours, et la tentative de substituer au ciel chrétien un voyage de l'âme dans les étoiles, et à l'éternité d'un sort fixe et invariable une succession indéfinie d'existences, tentative qui survient au moment où la tradition des croyances chrétiennes s'affaiblit, n'est-elle pas la reproduction d'une antique évolution de la pensée ? Les croyances de l'humanité semblent tourner dans un cercle, partout où elles ne sont pas maintenues par une autorité pouvant donner les preuves de sa mission divine.

De la croyance traditionnelle et antique on passe au scepticisme et à la négation de l'invisible ; puis le besoin de l'invisible se faisant sentir, et les moyens anciens de l'atteindre ayant péri, on crée des moyens nouveaux.

On croit de nos jours avoir prouvé que ni la foi religieuse ni la philosophie ne peuvent nous faire connaître un monde supérieur à celui que nous voyons. Le monde visible étant insuffisant et aucun procédé rationnel ne semblant permettre de le compléter par des notions supérieures, on a recours à des procédés irrationnels. Cela est logique : persuadez à un homme qu'il est dans une salle où l'air est vicié, et assurez-le que les portes soient fermées, il n'hésitera pas à sauter par la fenêtre.

Est-ce là ce que veulent les chefs du mouvement actuel ? Est-ce vers le spiritisme et l'occultisme qu'ils veulent diriger leurs adeptes ?

Nous ne le croyons pas. Ils se rendent compte, en effet, aussi bien que nous, du danger moral et intellectuel de cette tendance. Danger moral, car une règle de conduite qui n'est fondée que sur des témoignages suspects, des faits équivoques accomplis dans l'ombre et mal constatés, ne présente aucune garantie. Bien loin d'être un frein contre les passions, une telle règle de conduite deviendra très souvent un moyen de les exciter ; bien loin de fortifier la conscience, elle tendra à la fausser. Aux questions posées à la manière des docteurs de l'occultisme, la puissance inconnue qu'ils consultent répond suivant les désirs et les pensées de ceux qui l'interrogent ; aussi n'est-il aucune sorte d'excès, de fanatisme, de cruauté et d'immoralité auquel ne se soient portées les sectes mystiques qui se sont ainsi appuyées sur des communications équivoques avec un autre monde, et ont rejeté le contrôle de la raison et de la conscience.

Ces tendances sont aussi un danger intellectuel, car elles sont directement contraires à l'esprit scientifique.

Le surnaturel chrétien, œuvre d'un Dieu transcendant qui a posé lui-même les lois de la nature, qui n'y apporte des exceptions que rarement, selon les desseins de sa sagesse, qui limite la portée de ces exceptions, et prend soin qu'elles n'empêchent pas l'homme d'interpréter la nature par l'expérience, le surnaturel ainsi compris et limité n'a rien de contraire à la science.

C'est un ordre supérieur qui vient s'entre-croiser avec l'ordre inférieur sans le troubler, tous deux étant l'œuvre de la même intelligence. Il est facile au Créateur de régler si bien l'ordre des faits que les savants puissent discerner les lois régulières qui constituent la Providence générale, tandis que les exceptions destinées à soutenir la foi des croyants et à toucher leur cœur ne sont aperçues que dans la mesure où elles sont utiles.

Au contraire, un surnaturel arbitraire et capricieux, répandu partout et apparaissant au hasard, serait la destruction même de la science expérimentale.

Ce serait le surnaturel tel qu'il existait dans la croyance des païens ; ce serait l'équivalent des superstitions populaires.

Et si les partisans de ces doctrines, pour échapper à ce reproche, veulent considérer ces manifestations étranges et bizarres comme soumises à des lois, ce sont des lois indémontrables et invérifiables, des lois contraires à la vraie science, et que les vrais savants répudient. Quelquefois, il est vrai, certains savants, pour combattre l'autorité démonstrative des miracles évangéliques, ont montré, à l'égard de ces phénomènes bizarres, une étrange complaisance.

A une incrédulité systématique sur ce qui sort de l'ordre commun, ils ont fait succéder une crédulité exagérée. Mais ce ne sont que des déviations passagères. L'esprit vraiment scientifique reprend bientôt le dessus, et la séparation entre les vrais résultats scientifiques et les hypothèses sans preuves certaines se produit de nouveau. La science, quand elle suit ses vraies méthodes, contredit les théories de l'occultisme, du théosophisme et du spiritisme ; elle ne peut rien dire sur l'autre vie, et si certains savants cèdent par moments à ces doctrines, ce n'est qu'en altérant la science et en troublant la clarté de ses principes.

Aussi nous ne croyons pas que ce faux et dangereux mysticisme puisse prendre de nos jours possession de la masse des esprits, comme il l'a fait autrefois. Ces doctrines ont pu régner dans les temps où la connaissance de la nature était à ses débuts ; elles ne pourraient supporter le grand jour de la science. Prenons pour exemple la doctrine de la métempsycose. Pythagore et Çàkya-Mouni ont jadis pu enseigner qu'en vertu d'une loi de la nature, les âmes des méchants entraient dans les corps d'animaux impurs ; ils ont pu attribuer à une loi nécessaire, à la fois physique et morale, le châtiment des crimes et la récompense de la vertu après la mort. Pour nous, nous savons maintenant que la reproduction des êtres vivants se fait d'après des lois toutes différentes, purement physiologiques, où la justice n'entre pour rien, que la vie organique a sa source dans l'hérédité et disparaît sans retour à la dissolution de l'organisme. Nous savons, grâce à une analyse plus précise et plus complète, que ce qui constitue la bonté ou la malice morale des actions est un fait purement interne et psychologique, l'intention bonne ou mauvaise, et que ce fait n'influe nullement sur la destinée physique de l'être. Aussi la métempsycose, qui a pu paraître une théorie rationnelle à une époque antique, n'est plus à nos yeux qu'une hypothèse sans fondement. Il n'est pas vrai que la nature physique soit un principe de justice morale. Pour répondre aux besoins de justice de la conscience humaine, il faut monter plus haut que la nature physique, il faut faire intervenir un juge qui connaît le cœur de l'homme et qui peut, en dehors des conditions de notre monde, assurer le châtiment du crime et la récompense de la vertu.

Ce serait donc une funeste déviation du mouvement de réaction que nous décrivons, si cet effort pour secouer le joug du positivisme n'aboutissait qu'à faire renaître ces doctrines irrationnelles et dangereuses.

III

Il est néanmoins une autre conséquence de ce mouvement mal dirigé qui serait plus funeste encore : c'est le découragement qui suivrait l'échec d'un grand effort pour délivrer l'humanité de la tyrannie des doctrines négatives.

Comme nous l'avons remarqué, tous ceux qui admettent les deux grands principes que nous avons posés plus haut, tous ceux qui disent que la foi et la raison sont également incapables de donner à l'homme une connaissance certaine de l'invisible, sont, qu'ils le veulent ou ne le veulent pas, des positivistes. Ils se meuvent dans le cercle du positivisme, sans pouvoir en sortir. La différence qui existe entre la nouvelle école, tant qu'elle n'attaque pas ces principes négatifs, et les positivistes étrangers à ce mouvement de réaction, c'est que les premiers sont mécontents des résultats des doctrines négatives, tandis que les seconds en sont satisfaits, et même ont pour ces doctrines un certain enthousiasme.

Or cette différence est capitale. Tant qu'une

doctrine quelconque, même négative, inspire de l'enthousiasme, tant qu'elle parait être bienfaisante, tant qu'elle présente aux yeux de ses adhérents l'apparence d'un secours pour la misère humaine et d'une solution quelconque du problème plein d'angoisse de notre destinée, elle ne manifeste pas au dehors tout ce qu'elle a de funeste.

Le positivisme naissant et grandissant ressemblait à une foi nouvelle : Auguste Comte lui avait donné la forme extérieure d'une religion. Ceux même qui n'ont pas conservé ces formes manifestent à l'égard de leur opinion des sentiments analogues à ceux des croyants ; ils s'en font les apôtres.

Un dévouement dont nous n'avons aucun droit de contester la sincérité, un dévouement qui se manifeste souvent par des sacrifices, qui pourrait servir d'exemple à bien des adhérents aux doctrines plus élevées, se montre assez souvent parmi les propagateurs de ces théories désespérantes. Toutes les contradictions se rencontrent dans la nature humaine, et les doctrines qui sembleraient ne devoir produire que l'égoïsme et le crime sont quelquefois la source d'actes désintéressés et héroïques. N'a-t-on pas vu, en Russie, des jeunes filles de familles riches et nobles, adeptes des odieuses doctrines du nihilisme, se condamner pendant des années à vivre dans la condition de servantes, pour pouvoir plus facilement servir les intérêts de leur secte?

Il y a d'ailleurs, mêlés à ces doctrines négatives, un principe vrai et un mobile légitime. En notre siècle, on croit au progrès de l'humanité, et bien des gens mettent de grand cœur leur activité et leur intelligence au service des générations futures. Les beaux vers de La Fontaine :

> Mes arrière-neveux me devront cet ombrage,
> Cela même est un bien que je goûte aujourd'hui,

décrivent un sentiment qui règne parmi un grand nombre de nos contemporains.

Ce principe est vrai, car le progrès est possible et désirable. L'Évangile a été un immense progrès dans la société ; il a lancé l'humanité dans une voie où elle marche encore. Ce mobile est légitime ; c'est un désir noble et désintéressé.

Sans doute, comme nous l'avons remarqué, il serait chimérique d'espérer se servir de cette idée d'un progrès de l'humanité auquel nous pouvons concourir pour remplacer complètement la notion de la vie future et tenir lieu des espérances que la foi fait naître dans les cœurs. Comme ce bonheur futur de l'humanité, toujours soumis aux tristes conditions de notre destinée, sera toujours très-limité ; comme ce bien que nous souhaitons et que nous espérons procurer à nos arrière-neveux est un bien qui ne nous satisferait nullement nous-mêmes ; comme il s'agit, en réalité, non d'un bonheur, mais d'une amélioration légère ou même d'une diminution de peine, ce serait être illogique que de voir dans cette espérance l'équivalent de celles que la foi promet, et de croire qu'elle satisfera l'avidité du cœur humain.

Mais il n'en est pas moins vrai que ce désir d'améliorer le sort de l'humanité est un sentiment puissant sur certaines âmes, que la foi au progrès est un mobile qui, sans triompher de l'égoïsme et des passions, lutte cependant contre ces mobiles inférieurs. Seulement, pour que cette foi au progrès produise cet effet, il faut qu'elle soit une foi véritable et non un simple désir. Il faut que l'on croie à la possibilité du progrès. Il faut qu'à tort ou à raison on soit persuadé que l'on a en main les instruments efficaces de ce progrès.

Dès lors, quels seront, parmi les positivistes, ceux qui auront cette foi, et qui en éprouveront les effets ?

Ne sont-ce pas ceux qui croient que les principes du positivisme suffisent pour donner à l'humanité le moyen d'accomplir sa destinée ? ne sont-ce pas ceux qui croient que le positivisme a des ressources pour remplacer les principes dont il a exigé le sacrifice ?

Ces positivistes convaincus et enthousiastes se trompent sans doute. Ils sont le jouet d'une grave illusion ; nous l'avons démontré plus haut.

Mais c'est précisément parce qu'ils se trompent qu'ils peuvent concilier avec leur système la croyance au progrès de l'humanité ; c'est leur illusion qui produit leur enthousiasme et soutient leur dévouement.

Prenez, au contraire, un homme qui, ayant écouté les enseignements des doctrines de l'école néo-chrétienne, a reconnu que le positivisme est insuffisant, que la science ne possède pas les ressources nécessaires pour être la bienfaitrice de l'humanité, que la science ne nous révèle qu'un monde où la justice ne règne pas, qu'outre la science, il faut une autre chose distincte qu'on appelle la conscience. Supposons, en outre, que cet homme reconnaisse qu'il n'y a aucune autre certitude que celle de la science, que cette voix de la conscience, à laquelle on fait appel, n'est qu'une chimère. Cet homme désabusé du positivisme, mais n'ayant rien trouvé pour le remplacer, aura-t-il encore la foi au progrès ? N'est-il pas évident qu'il considérera le progrès comme impossible, et les efforts pour le réaliser comme des tentatives vaines et chimériques ?

Tant qu'une doctrine, même négative, est admise avec conviction et inspire l'enthousiasme, ses mauvais effets sont en partie compensés par les bons effets de l'ardeur généreuse qu'elle excite ; la vie se trouve à côté de la mort. Mais quand cet enthousiasme a disparu, quand les vices de la doctrine sont devenus manifestes, quand les espérances illusoires qu'elle inspire ont fait place à une connaissance claire de ses conséquences, tout est changé : le mal prédomine ; la mort l'emporte sur la vie, et les effets de cette mort sont analogues aux effets physiques qui accompagnent la décomposition d'un cadavre.

Ces effets du positivisme découragé sont faciles à prévoir. Supposons que la réaction dont nous parlons vienne à échouer, qu'après avoir reconnu les vices du positivisme absolu, qu'après avoir constaté que le monde expérimental est une prison qui étouffe la pensée et la conscience, que la science ne suffit pas à l'homme, ne l'éclaire pas sur sa destinée et ne lui fournit aucune règle de conduite, nos contemporains reconnaissent que cette doctrine qu'ils sentent être funeste est indestructible, qu'il n'y aucun moyen de s'élever au-dessus de la barrière du monde visible, qu'il faut se contenter de ce que la science nous donne, après avoir reconnu que ce qu'elle donne est misérable et indigne de notre estime et de notre affection, qu'il faut rester dans les limites de la vie terrestre, après avoir perdu les nobles idées qui donnaient à cette vie son prix véritable, que deviendront ceux qui auront fait cette double constatation? comment tireront-ils les conséquences de ces principes, et quelles sont les convictions pratiques qui prévaudront dans leur âme et leur serviront de règle de conduite?

Pour le plus grand nombre, la conséquence sera très facile à tirer. Il n'y a rien au-dessus de ce monde, il n'y a rien à espérer et à craindre au delà. Arrangeons-nous pour vivre en ce monde le plus heureusement possible. Le devoir n'est pas une voix qui vient d'en haut, car d'en haut il ne vient rien, rien du moins de certain; le devoir est une forme de notre pensée, suivons-la si cela nous convient; si elle nous gêne, tâchons de nous en débarrasser.

Dès lors, rechercher la jouissance sous toutes ses formes, et pour obtenir cette jouissance, rechercher la richesse et le pouvoir par tous les moyens. Si l'on se sent de la sympathie pour les malheurs d'autrui, si l'on est plus ou moins imbu de sentiments altruistes, on cédera à cette sympathie, on fera du bien aux autres dans la mesure où on y trouvera sa satisfaction personnelle. Si l'on n'a pas ces sentiments, si, à mesure que les désillusions de la vie se multiplient et que l'on connaît mieux l'ingratitude des hommes, on sent s'affaiblir en soi la sympathie pour des êtres qui paraissent en être indignes, on s'abandonnera sans scrupule à l'égoïsme. On deviendra dur et indifférent pour les maux d'autrui ; on se fera sa place en ce monde la meilleure possible, on tâchera d'être vainqueur dans la lutte de la vie.

Première forme, forme grossière du positivisme découragé et désillusionné. N'est-elle pas déjà bien puissante dans notre société actuelle? Ne la voyons-nous pas régner dans toutes les régions, du haut en bas de cette société? Ce triomphe de l'égoïsme et de l'intérêt succédant à des utopies humanitaires, n'est-ce pas l'histoire des saints-simoniens devenus financiers?

Et n'est-il pas à craindre que ceux qui auront été élevés un instant vers des régions supérieures, et qui auront reconnu qu'elles sont inaccessibles, ne tombent dans l'égoïsme d'autant plus bas qu'ils se seront élevés plus haut, n'ayant trouvé aucun appui pour se maintenir au-dessus d'eux-mêmes?

Il en est d'autres dont l'égoïsme prendra une autre forme. N'ayant pas de principes assez fermes pour être acteurs dans le drame de ce monde, craignant cette cruelle lutte de la vie, ils prendront l'attitude de spectateurs. Ils chercheront à se divertir en reproduisant dans le tableau mobile de leur pensée la série des événements qui se déroulent sous leurs yeux. Voir, savoir, imaginer, sera leur vie entière ; l'intelligence et l'imagination se développent chez eux aux dépens de la volonté, du cœur, et de la conscience : ils arriveront aussi à terminer la vie sans trop de souffrance et d'ennui, comme des prisonniers qui attendent la fin de leur peine en jouant aux marionnettes dans leur cachot.

Tous néanmoins ne réussiront pas à s'arranger une existence à peu près heureuse ou tolérable, soit par l'acquisition des richesses et des honneurs, soit par les jouissances intellectuelles. Il y aura toujours une foule de déshérités et de malheureux ici-bas, condamnés pendant leur vie terrestre à la pauvreté et à la souffrance. Que feront ceux-ci, quand ils seront privés de tout espoir d'un avenir meilleur? Que feront-ils surtout, si, après avoir repris un peu d'espérance à la voix des nouveaux docteurs, ils se voient de nouveau condamnés à ne rien chercher, à ne rien désirer au-dessus et au delà de cette vie? Le désespoir morne, la haine et la révolte, peut-être le crime, peut-être le suicide, voilà leur destinée.

Le pessimisme philosophique de Schopenhauer a

quelque chose d'odieux et de désespérant. Ce n'est cependant qu'un désespoir théorique et littéraire qui, chez certaines personnes, s'accorde avec une vie douce et commode et avec les distractions de la pensée. Mais il est un pessimisme pratique et réel plus sombre, qui peut se traduire par des actes de violence, et qui, même quand il n'entraînerait pas ces conséquences, est l'image la plus complète du malheur absolu qui puisse exister ici-bas.

Or n'est-ce pas dans cet enfer que tomberont ceux qui, désabusés des illusions des doctrines négatives, reconnaîtront que ces doctrines s'imposent à leur esprit d'une manière invincible, et que pour beaucoup d'individus, nés dans des conditions funestes, privés par la pauvreté, par une naissance irrégulière, par d'autres circonstances, de la petite part de bonheur que les autres ont reçue, c'est à l'entrée même de cette vie de misères qu'il faudrait placer l'inscription fatale de Dante : « Laissez toute espérance, vous qui entrez ici. »

Et maintenant ne peut-on pas dire que ceux qui auraient entrepris de soulever les esprits et les âmes au-dessus des doctrines négatives, et qui auraient échoué dans cette tâche ou y auraient renoncé, seraient pour quelque chose dans ce découragement et dans ses conséquences funestes? Ce n'est pas impunément que l'on remue des idées, et ceux qui ont la hardiesse de vouloir enseigner leurs contemporains contractent une responsabilité à laquelle ils n'ont pas le droit d'échapper; celui qui détruit est tenu à rebâtir, celui qui coupe à recoudre, celui qui promet à tenir ses promesses. Non, sans doute, que ceux qui entreprennent une tâche soient tenus de réussir : à l'impossible nul n'est tenu, mais ils sont obligés de continuer leur œuvre, de s'y dévouer, et de ne s'arrêter que lorsqu'ils ont constaté que l'œuvre est impossible et qu'ils ont eu tort de la commencer.

IV

L'examen que nous venons de faire des conséquences funestes qu'aurait l'attitude prise par les chefs de l'école nouvelle, s'ils persévéraient obstinément dans cette attitude, nous amène à examiner l'autre ligne de conduite qu'ils pourraient prendre.

Mettons-nous de nouveau en présence des deux obstacles que nous avons signalés : impuissance de la foi à connaître le monde invisible, parce que les religions se contredisent ; impuissance égale de la métaphysique, parce que les philosophes créent des systèmes multiples qui se détruisent mutuellement.

Tant que cet obstacle subsistera, la réaction ne peut aboutir ; elle ne peut produire que d'impuissants essais qui laisseront l'humanité dans un état pire qu'auparavant.

Il n'y a qu'un parti à prendre : attaquer l'obstacle et le détruire.

Mais cela est-il possible ?

Est-il possible de persuader à nos contemporains que tout espoir n'est pas perdu de rétablir, entre ce monde et le monde supérieur où règne la justice divine, une communication approuvée par la raison ? Est-il possible de leur faire croire qu'ils peuvent arriver, à l'égard de ces réalités invisibles, à une certitude équivalente en autorité à celle des sciences physiques, bien que la nature et les conditions de cette certitude soient très différentes, et que la volonté libre et la droiture du cœur soient nécessaires pour l'acquérir ?

Cela est certainement difficile. Les esprits modernes, habitués à la critique et à l'analyse, ont perdu, ce semble, la faculté native de percevoir l'évidence et, plus encore, celle d'étreindre, de conserver la vérité qu'ils ont aperçue, et de la défendre contre les objections qui viennent l'assaillir.

Les arguments anciens, les arguments classiques en faveur du christianisme et du spiritualisme, semblent avoir perdu de leur force. Il faudrait en créer de nouveaux; il faudrait montrer les antiques vérités sous de nouveaux aspects; il faudrait ouvrir une route par laquelle les esprits imbus du scepticisme régnant puissent remonter vers les sommets célestes qu'on leur dit être inaccessibles.

C'est la tâche qui s'impose aux chefs du mouvement actuel, s'ils veulent que leur œuvre soit utile et durable. Si nous en exceptons M. Desjardins, aucun d'eux n'émet la prétention de fonder une religion ni même une philosophie nouvelles.

Il faut, cependant, s'ils veulent réussir à combattre efficacement le positivisme, il faut qu'ils arrivent à adopter, à démontrer et à défendre une religion et une philosophie déterminées. Ils ne peuvent être ni rester maîtres s'ils n'ont pas quelque chose à enseigner aux hommes. On ne détruit les négations qu'en osant affirmer.

Maintenant par quelle voie, par quelle série de déductions peuvent-ils espérer s'élever eux-mêmes, s'ils n'y sont pas parvenus; ou conduire les autres vers des certitudes supra-sensibles?

La plupart d'entre eux, nous en sommes convaincu, n'espèrent pas construire un édifice doctrinal nouveau, et sentent que le néo-christianisme ne doit être qu'une transition pour arriver au véritable christianisme.

Cette transition peut être longue : il faudra, sans doute, faire passer par bien des étapes successives les esprits que le positivisme a profondément pénétrés pour les amener à des croyances religieuses déterminées. Aussi nous nous expliquons les hésitations et les lenteurs de ceux qui ont entrepris cette tâche. Nous comprenons qu'ils s'efforcent de maintenir l'union dans le groupe de leurs disciples, qu'ils ne leur demandent pas plus d'affirmations et de croyances qu'ils n'en peuvent porter. Il faut aussi qu'ils respectent les scrupules de loyauté de ceux qui craignent de dépasser la mesure de leurs propres convictions, et de substituer le désir de la certitude à l'amour de la vérité. Il faut donc du temps, de la patience et de grands ménagements.

Tout cela est vrai, toutes ces raisons de retarder l'attaque contre les principes positivistes sont bien fondées. Néanmoins elles ne justifieraient pas une complète inertie. Lentement ou rapidement, il faut avancer. Il faut avoir un but et marcher vers ce but, c'est la condition du succès. Qui marche peut s'égarer, qui reste en repos est sûr de ne jamais arriver au terme désiré. Il faut donc qu'ils se mettent à l'œuvre. Tant qu'ils n'auront pas commencé d'ouvrir une voie rationnelle quelconque conduisant à des certitudes supra-sensibles, ils n'auront rien fait ; ils auront excité des désirs et ne pourront donner, pour les satisfaire, que des paroles et non des réalités.

Ainsi que je l'ai déjà dit, c'est à ceux qui ont entrepris cette tâche, et à eux seuls, qu'il appartient de l'accomplir.

Nous ne pouvons, nous autres croyants, nous mettre à leur place ni parler à leurs disciples. Cela n'est pas dans notre rôle. Nous pouvons néanmoins les aider d'une manière indirecte.

Nous le pouvons de deux manières. Nous le pouvons, d'abord, en rendant plus accessible le port où nous voudrions voir entrer ces navires incertains de leur route. Il y a dans le sein du christianisme des hommes qui semblent préoccupés d'établir autour de la foi des barrières infranchissables ; ils hérissent les abords de la citadelle de la croyance par un foule d'ouvrages avancés. Leur but est, sans doute, d'empêcher ceux qui sont dedans de sortir, mais le résultat de leur manière de faire est d'empêcher ceux qui sont dehors d'entrer. Il faut se comporter autrement. Une attitude conciliante, la sympathie pour le malheur de ceux qui sont dans l'erreur, le désir de dissiper les malentendus, de montrer dans les dogmes chrétiens ce qui en fait le fond et l'essence, c'est-à-dire l'amour de Dieu pour ses créatures, et l'amour mutuel des créatures entre elles, voilà autant de moyens indirects de faciliter la tâche de ceux qui essayent de ramener les cœurs vers les vérités qui nous consolent.

Un autre moyen plus efficace, c'est la pratique des vertus que l'Évangile doit produire. Ce sont les vices et les inconséquences des chrétiens qui rendent l'accès de la vérité plus difficile.

Quand la doctrine évangélique se montre telle qu'elle a été enseignée par le Maître, quand les disciples ressemblent au Maître, les âmes sont attirées. Quand le pharisaïsme que Jésus a combattu, c'est-à-dire la vertu orgueilleuse et méprisante, ou bien quand la mondanité, c'est-à-dire une religion extérieure de pure forme, prédominent chez les chrétiens, les âmes sont repoussées. Or, constamment, le pharisaïsme et la mondanité tendent à reparaître, constamment il faut les écarter pour que le véritable Évangile se manifeste.

Mais, outre ces moyens indirects de faciliter la

tâche de ceux dont nous désirons voir l'œuvre réussir, il en est un plus direct. Ils hésitent à attaquer de front les deux grands obstacles que nous avons signalés. Ils craignent de n'avoir pas la force de les détruire. Nous, nous avons cette force dans nos principes chrétiens : nous pouvons montrer que notre religion est la vraie, l'unique religion, la parole certaine du vrai Dieu. Nous pouvons aussi défendre la vraie philosophie contre les faux systèmes. L'Église nous affirme que nous avons cette puissance et que nous pouvons démontrer l'existence du vrai Dieu, c'est-à-dire du Juge que la conscience invoque et du Roi de ce monde éternel dont le positivisme nous interdisait l'accès.

Il nous appartient donc d'entreprendre la réfutation des deux principes négatifs que nous avons signalés. C'est ce que nous ferons dans la suite de ces études. Ce ne sera pas sortir de notre cadre primitif. Pour apprécier la condition du succès de la réaction néo-chrétienne, il faut mesurer la force réelle de ses obstacles ; la meilleure manière de la mesurer est d'essayer de détruire ces obstacles eux-mêmes.

Si, d'ailleurs, par cette réfutation des arguments populaires et pratiques du positivisme, qui sera en même temps une démonstration de la vérité chrétienne, nous parvenons à délivrer du joug du scepticisme quelques esprits loyaux cherchant sincèrement la vérité, nous serons, n'y en eût-il qu'un seul, suffisamment récompensé de nos efforts.

CHAPITRE III

MARCHE VERS L'AU-DELA PAR LA VOIE DE LA CROYANCE RELIGIEUSE

Virgile, avant de conduire Énée dans les régions souterraines où habitent les morts, a soin de le faire avertir par la Sibylle que le retour vers la lumière supérieure sera la grande difficulté de son voyage.

Facilis descensus Averni ;
Sed revocare gradum superasque evadere ad auras,
Hoc opus, hic labor est.

Cette parole du poète s'applique très exactement à l'œuvre que j'entreprends en ce moment. J'ai montré dans quel cercle étroit le positivisme emprisonne l'âme humaine. J'ai montré que ce cercle est fermé par une barrière qui paraît formidable et que les écrivains de la nouvelle école ne paraissent pas se décider à franchir. Je n'ai accompli que la partie la plus facile de ma tâche. La vraie difficulté, c'est de montrer comment on peut renverser cet obstacle et atteindre le monde supérieur.

I

Ce qu'il faut à l'humanité, c'est une connaissance certaine de l'au-delà. Elle ne saurait se contenter d'hypothèses, de vraisemblances, d'élans vagues d'enthousiasme, ni d'une croyance aveugle. Or c'est précisément contre cette certitude de l'au-delà que portent les deux objections que nous avons exposées dans notre dernier chapitre.

Ces objections peuvent être réduites à une seule, car elles consistent toutes deux à opposer l'universalité et l'immutabilité des résultats des sciences physiques et historiques à la diversité d'opinions et aux contradictions que l'on rencontre dans toute l'étendue du domaine de la religion et de la philosophie.

C'est cette grande opposition qui frappe les esprits et qui donne à l'objection une si formidable apparence.

D'une part, dans le domaine des sciences, nous voyons un certain nombre de principes et de résultats considérés comme certains, admis comme tels par les hommes éclairés de tous les pays.

Au delà de ces certitudes, universellement acceptées et invariables, commence la région des théories, des hypothèses, qui sont diverses, individuelles et changeantes.

L'histoire nous présente la même division entre des résultats certains et incontestés et des théories ou hypothèses controversées ou admises d'une manière provisoire et sous réserve.

Dans l'un et l'autre domaine, celui des sciences proprement dites et celui de l'histoire, les résultats certains sont acquis d'une manière définitive et irrévocable. Personne ne suppose que l'on puisse revenir sur le système de Copernic, sur la loi d'attraction constatée par Newton, sur les principe de la chimie moderne, ni sur les grands faits de l'histoire de l'humanité : les erreurs du passé ont disparu pour toujours.

A l'égard de ces doctrines, il se passe dans le monde scientifique quelque chose de très analogue à ce qui existe dans l'Église catholique au sujet des doctrines religieuses. Il existe une société des savants et des hommes éclairés, dont l'adhésion est acquise universellement et pour toujours à certains dogmes scientifiques, au delà desquels se trouvent des théories et des opinions. Graduellement, ou bien les théories disparaissent, ou bien elles se fixent et deviennent certaines.

Rappelons ici l'ingénieuse comparaison que nous avons précédemment empruntée à un philosophe anglais. Cette distinction entre les dogmes certains de la science et les hypothèses variables et contestées a été assimilée à ce qui se passe lorsqu'un corps, dissous dans un liquide, se dépose sous forme de cristaux sur les parois du vase. Il y y une partie solide qui va croissant graduellement et qui figure les certitudes scientifiques, et une partie liquide qui représente les hypothèses.

Maintenant, si nous jetons un regard sur les doctrines morales, religieuses et philosophiques, nous verrons un tableau tout différent. En pareille matière, cette unanimité d'adhésion n'existe pour aucune croyance.

En philosophie, tout est fluide, tout est variable; les systèmes se succèdent et s'écroulent l'un sur l'autre. Aucun ne conquiert l'adhésion de tous les philosophes, à plus forte raison de tous les hommes capables de comprendre la philosophie.

Les doctrines religieuses ont plus de fixité; elles sont agglutinées par des traditions ou des sociétés hiérarchiques. Mais elles sont multiples; elles sont opposées. Chacune n'a d'influence que sur ses adhérents. Aucune ne parvient à conquérir un assentiment universel. Celle qui, régnant sur les peuples les plus civilisés, semble avoir par là plus de droits qu'aucune autre à s'imposer à tous les esprits, le christianisme, est bien loin d'exercer en fait cet empire universel. Ses adhérents ne forment pas le tiers de l'humanité, et il lutte contre de nombreux ennemis. Bien plus, selon la doctrine chrétienne elle-même, et selon la prédiction de son fondateur, cette lutte doit durer autant que le monde, et le triomphe, au lieu d'être pacifiquement obtenu, comme l'est celui des doctrines scientifiques certaines, par l'adhésion spontanée de l'humanité à la vérité, ne le sera que d'une manière surnaturelle par la manifestation éclatante d'une puissance supra-terrestre.

Dès lors, ne semble-t-il pas évident que la philosophie et la religion tout entières doivent être rangées dans cette partie douteuse, fluide et variable, de la connaissance humaine, livrée à des controverses sans terme, et qu'en cette matière la certitude est impossible?

Telle est l'objection, formulée en système par certains positivistes, mais, ce qui est plus grave, existant dans la plupart des esprits sous une forme plus ou moins latente. C'est un puissant effet de contraste, constamment renouvelé chaque fois que la science acquiert une nouvelle doctrine incontestée, et chaque fois que se manifeste une controverse philosophique ou religieuse ; ainsi se produit un préjugé invincible contre toute certitude autre que celle des sciences. Il semble que la science accapare toute la puisance d'affirmation qui existe dans la nature humaine, et ne laisse en dehors d'elle que la croyance aveugle et enthousiaste, ou l'opinion capricieuse et arbitraire.

Ce n'est cependant qu'un préjugé et non une objection réelle. C'est une apparence, c'est un véritable fantôme, un spectre que nous nous faisons fort de conjurer.

En effet, comme nous allons le montrer, cette différence entre les résultats acquis de la science et les doctrines philosophiques et religieuses, cette adhésion unanime qui caractérise les premiers, et ces luttes perpétuelles que les seconds doivent soutenir, n'ont nullement la cause qu'on leur assigne. Cette différence provient non de ce que la science est plus certaine que la philosophie et la religion, mais de ce que la nature des vérités scientifiques est différente de celle des vérités philosophiques et religieuses, et qu'à certitude égale elles agissent autrement sur la société des esprits.

Et d'abord nous pouvons remarquer qu'il est inexact, en ce qui concerne les vérités scientifiques et historiques, de considérer comme l'unique signe de la certitude l'adhésion unanime des gens éclairés, et de traiter de rêve ou d'hypothèse toute doctrine qui n'a pas conquis cette adhésion.

En effet, avant qu'une doctrine scientifique ou une thèse historique ait été ainsi acceptée, elle a été découverte, exposée, défendue avec conviction par certains savants. A leurs yeux, elle était déjà une vérité certaine ; c'est à ce titre qu'ils la défendaient. En la croyant telle, ils avaient raison, puisqu'ils ont fini par gagner définitivement leur cause devant le public savant : leur conviction était bien fondée, leur certitude était réelle. Ils étaient en possession légitime de la vérité. Hypothèse vraisemblable, probabilité aux yeux de quelques-uns, erreur aux yeux de certains autres, la doctrine qui a triomphé était déjà une certitude légitimement acquise pour son inventeur. Telle était pour Galilée la doctrine de la rotation de la terre quand il prononçait son énergique parole qui ressemble à un acte de foi. Telle était pour Fresnel la théorie des ondulations, quand l'ancienne hypothèse de Newton luttait encore, soutenue par la puissante autorité de Biot. Ce qui est maintenant certitude incontestée pour nous était pour eux une certitude contestée, certitude militante, mais légitime et réelle certitude.

Il est donc possible, de l'aveu même des savants et des positivistes, de posséder légitimement une vraie certitude, sans avoir comme appui cet assentiment unanime du public.

Seulement on suppose que, toutes les fois qu'une doctrine est vraiment certaine, elle finira tôt ou tard par conquérir cet assentiment ; et on reproche aux doctrines philosophiques et religieuses de ne jamais y parvenir. Ce serait, aux yeux des positivistes et aux yeux de beaucoup de nos contemporains, une infériorité inexplicable.

On n'ose pas dire : il n'existe d'autres doctrines certaines que celles qui sont incontestées actuellement : ce serait absurde, ce serait faire dépendre la certitude d'une doctrine d'un fait extérieur et accidentel, l'absence de toute contestation. Mais on dit, ou plutôt on pense qu'il n'y a de doctrines certaines que celles qui finissent par conquérir, tôt ou tard, cet assentiment universel, et comme on ne prévoit pas la fin des controverses philosophiques et religieuses dans l'humanité, on range, sans hésiter, toutes les doctrines de cette espèce au rang des simples opinions, et on leur refuse toute certitude.

Ceux qui pensent ainsi (le nombre en est immense) sont encore victimes d'un malentendu.

Ils oublient la différence profonde de nature qui existe entre les diverses espèces de doctrines. Ils oublient que les doctrines philosophiques et religieuses ne sont pas susceptibles de la forme de démonstration qui convient aux vérités scientifiques. Il oublient surtout que ces doctrines ont, à la différence des doctrines purement scientifiques, une étroite relation avec la volonté, la conscience et les passions de l'homme. Ils oublient que, par suite de cette différence de nature, les doctrines philosophiques et religieuses ne pourraient, en aucun cas, conquérir cet assentiment universel.

Essayons de porter la lumière sur ce point important.

Les vérités scientifiques et certains résultats de la critique historique sont susceptibles d'une démonstration rigoureuse et quasi mécanique. On peut vérifier les lois physiques par des expériences faites à volonté et placées sous les yeux du public compétent. On peut, par certaines méthodes de comparaison des monuments, de classification des types, d'analyse des ressemblances et des différences, rendre tellement évidente l'origine de certains documents que le doute devienne impossible.

Les doctrines philosophiques, et à plus forte raison les croyances religieuses, ne sont pas susceptibles de telles démonstrations. Elles font appel à une autre espèce d'évidence, à une évidence interne, à l'expérience psychologique, à des procédés de raisonnement où le lien entre le principe et la conséquence n'est aperçu que par suite d'un retour sur sa propre pensée, retour qui demande un effort. Elles font souvent appel au cœur et au sentiment, non pour remplacer la raison, mais pour lui fournir des données indispensables.

Les raisonnements philosophiques, quelque démonstratifs qu'ils soient en eux-mêmes, ont besoin d'être étudiés avec attention. Les objections, même mal fondées, ont une puissance apparente et une sorte d'élasticité qui les fait renaître dès que la réfutation a été écartée de l'esprit. Un simple changement dans l'ordre des idées et dans la manière de disposer les arguments peut amener la confusion à la place de la lumière de l'évidence.

A cette première différence s'en joint une autre plus importante encore.

Les questions scientifiques qui ne traitent que du monde extérieur et les portions de l'histoire relatives à des événements dont l'influence sur les faits contemporains est faible et indirecte, peuvent être facilement étudiées avec une pleine impartialité. Sans doute certains mobiles personnels peuvent toujours se mêler au pur amour de la vérité ; celui qui croit avoir fait une découverte est porté à en exagérer la valeur et la certitude. Mais l'action de ces sentiments est limitée ; elle disparaît quand le même sujet a été traité par un nombre suffisant de savants.

Au contraire, les doctrines philosophiques et religieuses touchent de très près à la conscience et aux sentiments de l'homme, et rendent l'impartialité presque impossible. Le cœur agit inconsciemment sur la raison. Chacun, attiré à son insu par ses désirs secrets, est porté à regarder les questions sous la face qui lui plaît davantage ; il cherche les arguments favorables à la thèse qu'il aime, il sent moins fortement les objections qui peuvent être opposées à cette thèse. Quelquefois, il est vrai, la loyauté résiste à la passion ; chez quelques-uns même les scrupules de loyauté sont tels, qu'ils les portent à être trop sévères pour les opinions qu'ils préfèrent par le cœur.

Mais ce qui est certain, c'est que cette influence trouble, chez la plupart des hommes, la complète impartialité.

Dès lors il est impossible que l'assentiment unanime se produise. Nécessairement les diverses impressions de la conscience ou des passions poussent à des conclusions différentes.

Et pour reprendre la comparaison qui nous a servi de point de départ, nous dirons que la condition nécessaire pour que les cristaux se déposent dans un liquide, c'est que ce liquide soit à l'état de repos. S'il est agité par de violents courants, les molécules resteront en suspension. La liqueur où plongent les hypothèses purement scientifiques est en repos, les doctrines y prennent facilement une solidité inébranlable. La liqueur où sont contenues les doctrines philosophiques ou religieuses est constamment agitée et traversée par des courants puissants ; les doctrines les plus certaines, les mieux démontrées, ne peuvent pas acquérir une certitude incontestée ni devenir l'objet d'une adhésion unanime.

Ainsi, si l'assentiment universel ne se produit pas, ce n'est pas nécessairement faute de vraie certitude dans les doctrines ; cela peut provenir de ce qu'elles possèdent une certitude d'une autre espèce, certitude nécessairement militante, saisie par des individus ou par des écoles ou des églises, mais incapable de s'emparer du public tout entier, parce que l'objet auquel elle se rapporte soulève dans la nature humaine des émotions puissantes et contradictoires.

Si l'on veut une preuve de cette influence de la passion, on n'a qu'à examiner ce qui se passe dès qu'une question historique touche à l'amour-propre d'une famille, d'une nation, d'une ville ou d'une bourgade. Immédiatement cette unanimité d'adhésion qui existe sur les faits précédents et postérieurs disparaît, et il se forme des partis qui luttent ensemble. Et s'il s'agit d'une portion de l'histoire qui touche aux croyances religieuses, la division devient ardente et aiguë, et souvent des historiens, sur d'autres points très consciencieux, ont recours à des procédés peu scientifiques et admettent des hypothèses invraisemblables ou même monstrueuses.

L'histoire de la religion d'Israël présente des théories de ce genre, des hypothèses qui partout ailleurs seraient rejetées avec dédain. La tradition sur la fondation de l'Église de Rome par saint Pierre est combattue par tous les auteurs protestants : elle est cependant aussi bien établie qu'une foule d'autres traditions relatives aux origines du christianisme que personne ne conteste.

Ce qui rend plus puissante et plus étendue l'influence des passions religieuses ou politiques, c'est que les hommes prévoient de très loin et sentent pour ainsi dire instinctivement les conséquences de certains principes, et sont portés à se laisser influencer par les conséquences quand ils discutent la vérité du principe lui-même.

On raconte qu'un écolier se refusait à nommer les lettres qu'on lui montrait, et que le maître lui ayant demandé pourquoi il résistait ainsi, l'écolier répondit : « Je ne veux pas dire A, parce que si je dis A, vous me ferez dire B, et ainsi de suite. » Nous faisons de même ; nous ne voulons pas laisser passer un principe dont les conséquences nous effrayent.

Telle doctrine philosophique rend vraisemblable, sinon certaine, telle doctrine religieuse ; celle-ci, à son tour, a, dans certains pays, une affinité plus ou moins étroite avec telle opinion politique. De là des passions violentes qui s'agitent autour de cette doctrine ; de là un enrôlement des esprits pour et contre telle opinion ; de là une tendance à chercher tous les arguments qui de loin ou de près peuvent servir à soutenir certaines causes ; de là, enfin, l'impossibilité absolue de cet accord unanime que la science réalise.

On le voit donc, puisqu'il est impossible que cet assentiment universel se produise, à cause de la nature des doctrines dont il s'agit, on ne saurait leur reprocher de ne pas l'obtenir. Rien ne prouve donc qu'il ne puisse pas exister de véritables certitudes philosophiques et religieuses. Rien ne prouve que la limite posée par les positivistes soit infranchissable.

Nous devons sans doute renoncer à l'espoir de trouver pour le problème de la destinée humaine des solutions capables d'entraîner, de haute lutte et de vive force, l'assentiment de tous les esprits.

Nous concédons aux positivistes que cet assentiment unanime est propre aux vérités scientifiques.

Mais comme cet assentiment n'est ni la certitude elle-même, ni le signe unique de la certitude, nous ne devons pas désespérer d'acquérir sur ces questions capitales une vraie certitude, une certitude légitime et rationnelle, une certitude qui réponde aux besoins de l'âme humaine.

II

Deux voies se présentent devant nous dans la recherche de la certitude supra-sensible : l'une consiste à essayer de la découvrir par un effort individuel ; l'autre, à écouter ceux qui prétendent posséder ces certitudes et à chercher s'ils sont dignes de foi.

De ces deux voies, la voie de l'examen et la la voie de l'autorité, la seconde est certainement plus facile à suivre, bien qu'elle présente de graves et réelles difficultés.

C'est de ce côté que nous tournerons d'abord nos regards.

Ici encore, il y a partage ; deux sortes d'autorités se présentent devant nous, les écoles de philosophie et les sociétés religieuses.

Y a-t-il avantage à s'adresser aux écoles de philosophie? Il ne semble pas, car nous n'échapperions à aucune des difficultés de la voie de l'examen. Non seulement les écoles diverses se contredisent, mais aucune ne prétend faire autre chose que de guider ou d'aider les individus dans le travail personnel de la recherche de la vérité. Et si elles peuvent être un secours, elles sont aussi un obstacle, car les enseignements contradictoires des diverses écoles contiennent nécessairement beaucoup d'erreurs, et ces erreurs que l'individu n'aurait peut-être pas commises lui-même, et auxquelles il n'aurait pas pensé, sont autant de barrières qu'il faudra franchir pour atteindre la vérité.

Nous nous tournerons donc vers les sociétés religieuses. Là nous trouverons des hommes prétendant avoir reçu un enseignement qui descend d'une région supérieure au monde visible et expérimental, et être investis de la mission et du droit de transmettre cet enseignement aux autres hommes.

Si cette prétention est bien fondée, en écoutant ces hommes nous apprendrons ce que nous voulons savoir, et si leur mission divine est authentique, leur enseignement produira légitimement la certitude que nous cherchons.

Mais avant que nous cherchions si et comment nous pouvons constater la légitimité d'une telle autorité, nous voyons se dresser de nouveau devant nous la formidable objection de la diversité des religions. Le spectre que nous avons essayé de conjurer se montre de nouveau devant nos yeux.

Ce sont des voix qui prétendent venir du ciel ; mais ces voix sont multiples ; elles sont discordantes, elles se contredisent. Elles ne sauraient être toutes dignes de foi. Et comme nous ne pouvons pas nous élever au-dessus du monde expérimental pour savoir si leur prétention est fondée, nous ne devons en écouter aucune.

Bien des gens raisonnent ainsi, et à la simple vue de la diversité des religions, ils déclarent, sans autre examen, qu'aucune croyance religieuse ne peut donner une certitude approuvée par la raison.

Ne nous prononçons pas si vite. Examinons les diverses idées qui sont contenues dans cette objection.

Il en est une dont la vérité est incontestable, c'est que plusieurs voix qui se contredisent ne peuvent être toutes dignes de foi.

Seulement, si l'on conclut de ce principe qu'aucune ne doit être crue, on va trop loin, on pose une conclusion qui dépasse le principe.

Plusieurs voix qui se contredisent ne peuvent être toutes dignes de foi, mais l'une d'entre elles peut l'être. La contradiction entre deux propositions est le signe d'une erreur, mais elle ne dit pas où est l'erreur ; l'erreur peut être des deux côtés, elle peut n'être que d'un seul. Quand un comptable trouve un désaccord entre deux chiffres qui devraient être identiques, il sait qu'une de ses additions est inexacte, mais il ne sait que cela ; il n'a pas le droit de dire que toutes le sont ; il y en a une au moins d'inexacte, les autres peuvent être bien faites.

Dès lors, la diversité des religions nous met en présence de deux hypothèses, entre lesquelles il y aura lieu de choisir :

Ou l'une de ces religions est une vraie voix céleste, une autorité légitime qui s'impose à notre conscience, et les autres sont sans autorité, et, bien qu'elles puissent enseigner certaines vérités, n'ont cependant aucun droit à être crues sur leur parole ;

Ou bien aucune ne possède réellement cette autorité, aucune n'a une origine céleste ; toutes ne sont que l'écho de voix terrestres ; toutes prétendent sans fondement à une origine surnaturelle et à une autorité divine.

Les deux hypothèses sont possibles : la diversité des religions s'accorde avec l'une et avec l'autre.

Mais, ajoute-t-on, le choix est impossible, car, sans s'élever au-dessus du monde expérimental, on ne saurait juger si la prétention d'une de ces religions est fondée.

Ceci est une idée nouvelle; c'est une tout autre objection. L'homme est-il réellement tellement enfermé dans le monde expérimental qu'il lui soit impossible de constater les droits d'une autorité supra-terrestre? Est-il possible à une autorité supra-terrestre de prouver aux hommes que c'est elle qui parle et qu'elle est digne de foi?

C'est une tout autre objection. C'est une objection qui ne touche en rien à la diversité des religions. Lors même qu'il n'existerait dans le monde qu'une seule société religieuse parlant au nom de Dieu, encore faudrait-il savoir si elle possède réellement l'autorité à laquelle elle prétend. Si cette preuve ne peut être donnée, cette religion, tout unique et tout universelle qu'elle soit supposée être, ne donnerait pas la certitude.

Nous verrons plus loin, dans la suite de cette étude, comment peut se faire la preuve de l'autorité divine d'une religion.

Ici, je pense qu'il peut être utile de s'arrêter un instant afin de saisir, sur un exemple pratique, le rôle de la liberté et de la bonne volonté dans l'acquisition des vérités religieuses.

Supposons un homme que la religion gêne et trouble dans son repos, qui ne veut pas s'en occuper et désire en être débarrassé. En présence de la diversité des religions, il raisonnera comme nous l'avons fait plus haut. Il prononcera rapidement que la contradiction implique l'erreur; il renverra, si j'ose ainsi parler, dos à dos, toutes les religions comme des témoins indignes de foi parce qu'ils se contredisent, et ira à ses affaires et à ses plaisirs.

Supposons, au contraire, un autre homme sentant le besoin de certitudes supra-sensibles, souffrant du vide des doctrines négatives, et désirant ardemment sortir du cercle de fer où le positivisme l'enferme. Arrivé en présence de la même objection, il ne se découragera pas; il se demandera d'où peut provenir cette diversité des religions, il cherchera si, nonobstant cette diversité, l'une d'entre elles ne contiendrait pas la vérité qu'il poursuit.

Le premier de ces hommes, en passant condamnation si vite sur toutes les religions, a cru suivre sa raison. Il n'a, en réalité, obéi qu'à son indolence ou à son désir d'être délivré d'un ennui. Il a agi avec légèreté.

S'il avait agi de même dans une autre matière, si, par exemple, étant juge ou juré, il avait déclaré brusquement que plusieurs témoins sont tous menteurs parce qu'ils se contredisent, au lieu de chercher s'il n'y en a pas un qui soit véridique, il se reprocherait cette légèreté et ce jugement superficiel et mal fondé. Tant il est vrai qu'on n'apporte pas, en général, à la recherche de la solution du problème suprême de notre destinée la moitié, ni même le quart de l'attention qu'on apporte aux affaires de ce monde.

Revenons donc à la grande question qui s'est posée devant nous.

Parmi les voix qui prétendent parler au nom d'une autorité céleste, et qui se contredisent, en est-il une qui soit digne de foi, ou toutes sont-elles sans autorité ?

Ici se présente une nouvelle objection, ou plutôt une nouvelle forme de l'objection, une nouvelle apparition de même spectre.

Comment voulez-vous, dira un positiviste, que l'une de ces autorités soit céleste et les autres terrestres, puisque leur parole produit des effets semblables, puisqu'elles enseignent, avec quelques divergences, des doctrines analogues, qu'elles prêchent une même morale et produisent, chez leurs adhérents, bien qu'à des degrés inégaux peut-être, les mêmes vertus. Si tous les adhérents d'une religion étaient des saints, et ceux des autres de malhonnêtes gens ; si l'une prêchait la charité et l'autre la haine, on comprendrait que l'une fût considérée comme vraie et l'autre comme mensongère.

Mais il n'en est pas ainsi. Ce qui est commun entre les religions est plus important que ce qui est différent, et mieux vaudrait essayer, comme on vient de faire à Chicago, de tirer de leur rapprochement certaines vérités communes à toutes, que de les opposer l'une à l'autre.

Les religions produisent les mêmes effets ; or, mêmes effets, mêmes causes. Donc il n'y a pas lieu de supposer une diversité d'origine. Mais, comme d'ailleurs il est établi que plusieurs religions qui se contredisent ne peuvent avoir une origine céleste, toutes viennent de la terre, aucune ne parle au nom d'une autorité supérieure à ce bas monde.

Dès lors aussi, aucune ne peut nous donner une certitude sur les objets qui dépassent l'expérience.

Nous voilà toujours au même point ; la barrière que nous avons crue renversée se dresse encore devant nous. Les ressemblances des religions viennent se joindre à leurs contradictions pour détruire leur autorité.

Pour répondre à cette nouvelle forme de l'objection, il y aurait plusieurs distinctions à faire, tant relativement aux principes qu'aux faits. La similitude des doctrines est moins grande qu'on ne le suppose ; l'accord ne peut se produire que sur des notions très vagues. La différence entre l'action morale des diverses religions est aussi infiniment plus grande qu'on ne le dit : ce ne sont pas les faits individuels ni les textes isolés, c'est l'ensemble qu'il faudrait comparer.

Mais, au lieu de discuter ainsi les détails de l'objection, il est préférable de présenter autrement la réponse. J'ai parlé de deux hypothèses possibles, à savoir, celle d'une religion vraie et divine en présence de religions humaines et sans autorité, et celle de religions qui, toutes, seraient humaines et dont aucune ne viendrait du ciel. Je vais essayer de déterminer les conséquences vraisemblables des deux hypothèses. Il sera facile alors de reconnaître à laquelle des deux les faits donnent raison. Nous pourrons ainsi découvrir la cause des ressemblances entre les religions et mesurer la portée de l'objection que nous venons d'exposer.

S'il y a une religion vraie, elle doit être l'œuvre de la cause de l'univers, elle doit venir de Dieu ; elle doit être adaptée aux besoins de l'humanité, elle doit lui révéler sa destinée et lui poser une règle pour sa conduite. Une telle religion doit donc être une ressource, une consolation, un appui pour l'humanité, mais elle doit aussi être une règle et par conséquent une gêne. Elle doit attirer l'amour, elle doit aussi provoquer la résistance et la haine.

Nous l'avons remarqué d'ailleurs, dans les matières qui touchent à la conscience et aux passions, l'assentiment universel est impossible et les conflits doivent naître.

Il est donc vraisemblable que la vraie religion ne sera pas acceptée par tous les hommes ; dès lors n'est-il pas également vraisemblable qu'il se produira des institutions analogues? Ce pourront être des schismes, des altérations de la vraie religion. Ce pourront être des imitations, des reproductions factices de cette religion, établies de manière à ménager certaines passions, tout en satisfaisant aux besoins religieux des âmes. Ce pourront être aussi des créations originales, produites dans une contrée où la vraie religion est inconnue.

Quel que soit le mode de formation de ces religions, il est évident *à priori* qu'il y aura entre elles et la vraie religion de nombreuses ressemblances. Ces ressemblances peuvent provenir d'une origine commune : c'est le cas des schismes et des hérésies. Elles peuvent provenir d'un emprunt et d'imitations : c'est le cas des fausses religions qui sont créées par des hommes connaissant la vraie religion. Elles peuvent enfin provenir simplement de ce que la vraie religion répond aux besoins de l'humanité et que ces besoins tendent par eux-mêmes à provoquer des institutions et des doctrines qui leur sont adaptées.

Il doit donc y avoir, entre la vraie religion céleste et les institutions humaines qui tendent au même but, de nombreuses ressemblances de doctrine.

Il doit aussi se rencontrer, par les mêmes raisons, des ressemblances dans les rites, dans les cérémonies, dans les sentiments que ces rites et ces cérémonies font naître.

Enfin, il est facile de comprendre que ces similitudes de doctrines et de rites doivent avoir une influence sur la conduite pratique des adhérents des diverses religions et les pousser à la pratique des mêmes vertus.

L'influence morale de la vraie religion sera très supérieure, puisque seule elle enseigne la vérité sans mélange d'erreur, et parce que son origine et sa mission céleste lui donnent une force mystique et surnaturelle qui manque aux imitations humaines; mais toute la part d'influence morale qui résulte des portions de vérité contenues dans les diverses religions subsistera. Il y a un lien naturel entre la vérité et la vertu.

Enseignant des portions plus ou moins étendues de la vérité totale, les diverses religions doivent exercer une influence morale proportionnée. Si l'erreur, mêlée à la vérité, produit du mal, elle ne détruit pas tout le bien. On voit donc que, tout en restant dans l'hypothèse d'une seule et unique vraie religion, un très grand nombre des ressemblances qui servent d'arguments aux adversaires s'expliquent parfaitement.

L'idée qu'entre la religion vraie et céleste et les autres religions il doit y avoir une opposition absolue et complète sur tous les points est une supposition gratuite et invraisemblable. Nous devons convenir que bien souvent les prédicateurs ont, par leur exagération de langage, donné lieu à cette opinion erronée, et qu'en voulant montrer l'importance de posséder la vérité intégrale et d'appartenir à la vraie religion, ils ont à tort refusé de reconnaître la part de bien qui peut exister dans les autres cultes.

Mais si ces ressemblances peuvent et doivent existe, elles ne doivent pas être telles qu'il y ait égalité et identité d'action entre toutes les religions. Si la vérité partielle produit un certain degré de bien, la vérité totale, enseignée d'en haut, doit produire le bien dans une mesure infiniment supérieure.

Si donc il existe une vraie religion, il y aura, à côté de ces ressemblances, de grandes et frappantes différences. La vraie religion devra posséder certains caractères spéciaux, certaines marques inimitables qui la distingueront des autres cultes. Sans cela, on serait légitimement en droit de la confondre avec eux. Sans cela, en supposant même qu'elle fût objectivement divine, elle ne se manifesterait pas comme telle à nos yeux, elle ne serait pas vraie et divine pour nous.

Parmi ces caractères spéciaux et ces marques inimitables de vérité, il doit y en avoir qui soient manifestes et qui frappent les regards des hommes avant toute étude et toute recherche. La vraie religion, si elle existe, doit avoir, par suite de ces caractères, une supériorité évidente sur toutes les autres. Elle doit avoir même plus qu'une simple supériorité, elle doit sortir entièrement de l'ordre commun, et être hors de pair. Elle doit paraître telle, elle doit être transcendante.

Si, en effet, les caractères qui distinguent la religion divine des religions terrestres étaient peu apparents, s'ils ne pouvaient être connus que par une étude approfondie, il serait pratiquement impossible de discerner la vraie religion. Rousseau, dans la *Profession de foi du vicaire savoyard,* combat l'idée d'une religion révélée, en disant que l'on ne pourrait découvrir la vraie religion qu'après une étude comparative des religions de tous les temps et de tous les peuples, et qu'une telle étude est impossible dans les limites de la vie humaine. Rousseau aurait raison si la vraie religion n'était pas évidemment transcendante.

Mais cette objection tombe si, parmi les caractères de la vraie religion, il en est de si manifestes qu'un regard jeté sur l'ensemble des cultes de l'univers ou sur l'histoire religieuse de l'humanité les fait apparaître. S'il en est ainsi, la question se simplifie. La vraie religion apparaissant au milieu des autres cultes comme un haut sommet qui domine de petites collines, point n'est besoin d'examiner les titres des autres religions. C'est vers la religion transcendante qu'il faut se tourner; c'est à elle qu'il faut demander de montrer ses titres. Si ces titres sont authentiques, si elle est non seulement transcendante, mais réellement céleste et divine, la question est tranchée. Elle est vraie; elle mérite d'être écoutée; il n'y a pas lieu de s'occuper des autres.

Si, d'un autre côté, la religion qui paraît transcendante ne pouvait donner des preuves suffisantes de son autorité, la question serait également tranchée, mais en sens opposé. Il serait, en effet, souverainement invraisemblable qu'une autre religion, dépourvue d'autorité apparente, possédât une vraie mission divine, en face d'une religion qui en apparence lui serait supérieure de tous points. Il n'y aurait pas lieu de poursuivre la recherche, et il faudrait reconnaître qu'aucune religion n'a le droit et le pouvoir de donner à l'homme une connaissance certaine de ses destinées.

Dès lors la grande question, la question capitale, est celle-ci. Existe-t-il, parmi les religions de l'univers, une religion qui s'élève ainsi au-dessus de toutes les autres et qui mérite d'être appelée religion transcendante ?

Avant d'interroger les faits sur cette question, revenons sur la route que nous avons faite jusqu'ici, et voyons quelles conséquences nous devrons tirer de la réponse que nous fera le tableau de l'état religieux passé et présent de l'humanité.

Notre but, ne l'oublions pas, c'est de chercher s'il existe une certitude relative au monde suprasensible, à l'au-delà, pour parler le langage de M. Caro.

Nous avons reconnu d'ailleurs que, pour que cette certitude existe, il n'est pas nécessaire que les doctrines affirmées comme certaines obtiennent cet assentiment universel qui est propre aux vérités scientifiques.

Maintenant nous venons de reconnaître que si, parmi les diverses religions de l'univers, il s'en présente une qui porte des caractères évidents de transcendance, il y a lieu d'espérer que cette religion nous fournira la certitude que nous cherchons.

Et si nous constatons que cette religion est vraiment divine, tous ses enseignements devront être acceptés comme certains, et comme les doctrines qu'elle professe se retrouvent dans les enseignements d'un grand nombre d'autres religions, comme une partie de ces doctrines est l'objet de l'étude des philosophes, nous aurons ouvert une large porte du côté de ce monde supérieur, nous aurons justifié la foi d'une multitude immense de croyants, nous aurons vaincu le positivisme.

Si, au contraire, il n'y avait aucune religion présentant ce caractère de transcendance, nous retomberions dans le doute, et nous aurions à recommencer à chercher péniblement la vérité par des efforts individuels. Telle est l'importance de la question au sujet de laquelle nous allons interroger l'histoire passée et l'état présent de l'humanité (1).

(1) Consulter sur cette question le livre intitulé : *Problèmes et conclusions de l'histoire des religions*, ch. VIII, IX et X, et la brochure *la Transcendance du christianisme*. (Putois-Cretté, éditeur.)

III

Parmi toutes les religions de l'univers, celle qui, vue du dehors, paraît dominer toutes les autres, c'est évidemment la religion chrétienne, et parmi les communions chrétiennes, la religion catholique. Par le fait même que les destinées de la civilisation supérieure que conquiert l'univers ont été associées aux destinées du christianisme, c'est le christianisme qui est en évidence, c'est vers lui que les regards se portent.

C'est donc à son sujet que se pose la question de la transcendance.

Pour la résoudre, nous allons choisir, en dehors du christianisme, les religions qui par l'étendue de leur action et leur élévation morale semblent les plus élevées et les placer à côté du christianisme.

Nous verrons par cette comparaison, d'une part, si la supériorité apparente du christianisme est une supériorité réelle, et, d'autre part, si elle est assez marquée pour que le christianisme soit réellement hors de pair, pour qu'il ne puisse pas être considéré comme le terme d'un progrès régulier de la pensée religieuse de l'humanité, mais comme un phénomène d'un ordre supérieur, inexplicable par les causes qui ont produit les autres religions. En d'autres termes, nous avons à reconnaitre s'il est simplement supérieur ou réellement transcendant.

Cet examen peut se faire assez rapidement.

Deux sortes de religions existent sur la terre, en dehors du christianisme, les religions monothéistes, à savoir, le judaïsme et l'islamisme, et les religions païennes, parmi lesquelles on peut distinguer le paganisme de l'antiquité, celui de l'Inde moderne, celui de la Chine et celui des peuples barbares.

Or, à l'égard du judaïsme et de l'islamisme, la question est rapidement tranchée. Le judaïsme moderne est une religion stérile et morte. L'islamisme est une religion puissante, mais dont l'idéal moral est évidemment inférieur à l'idéal chrétien, qui transige par principe avec les passions que le christianisme combat, qui est hostile à tout développement intellectuel, et se maintient par un fanatisme aveugle et par la force brutale.

Quant aux différentes formes de paganisme, elles sont encore à un degré plus bas, aussi bien intellectuellement que moralement. La croyance aux dieux de l'antiquité était irrationnelle. Tout aussi irrationnel est le paganisme moderne. Et au point de vue moral, dans le mélange incohérent de rites et de doctrines qui constitue le paganisme, l'obscénité, la cruauté, la satisfaction de toutes les passions, se trouvent constamment mêlées à certains préceptes, à certains rites tendant à porter l'homme au bien et à lui faire espérer une récompense pour la vertu.

Il n'y a dans le paganisme rien de comparable à la sublime idée du Dieu tout-puissant et à la pure morale de l'Évangile.

On a cru, vers le milieu de ce siècle, avoir trouvé en Orient une religion vraiment comparable au christianisme. Le bouddhisme, avec sa morale sévère, avec la belle légende de son fondateur et le nombre immense de ses adhérents, a causé, lorsqu'on l'a découvert, une sorte d'enthousiasme.

On est aujourd'hui revenu de cette illusion. Sous le nom de bouddhisme sont comprises deux choses bien différentes : d'une part un paganisme grossier, peu différent du paganisme ordinaire, et d'autre part une sorte de philosophie mystique, jointe à une règle de vie analogue à celle des moines mendiants de l'Occident.

Le bouddhisme pratique, celui à qui on attribue des centaines de millions de sectateurs, est tout simplement une forme d'idolâtrie. Çâkya-Mouni est adoré comme une divinité, à côté de beaucoup d'autres; au premier Bouddha, celui de l'Inde, le fondateur, sont adjoints sa loi et l'assemblée de ses fidèles représentés par des idoles et formant avec lui une trinité. Puis d'autres personnages, des Bouddhas antérieurs ou des Bouddhas futurs attendant le moment de leur incarnation, sont offerts sous les formes les plus bizarres aux adorations des fidèles.

Quant à l'autre bouddhisme, à celui qui existe encore à Ceylan, c'est un phénomène historique de beaucoup moindre importance. C'est une philosophie pessimiste et mystique à la fois, jointe à des conseils et à des exemples touchants de morale, quelque chose comme ce qu'a été le stoïcisme à la fin de l'Empire romain, avec plus de douceur et de charité, il est vrai.

Mais ce n'est point une vraie religion; la triste et étrange solution que Çâkya-Mouni donne du problème de la destinée humaine n'est appuyée sur aucune preuve. Cette solution, d'ailleurs, a, chose étrange, certaines affinités avec le positivisme moderne. Çâkya-Mouni ignore la cause de l'univers; sa conception de la nature humaine est matérialiste. Seulement, par une étrange contradiction, cette nature sans Dieu est un principe de justice, et cet être dont les éléments se dissolvent à la mort renaît incessamment pour subir dans une série indéfinie d'existences le châtiment de ses fautes, et tout son espoir est d'échapper par la vertu à la cruelle nécessité de vivre de nouveau (1).

Il n'y a rien là qui mérite d'être mis en parallèle avec l'Évangile.

La transcendance du christianisme peut encore être prouvée en comparant les livres sacrés des diverses religions. L'Évangile paraît alors dans tout son éclat, avec cette héroïque poursuite d'un idéal sublime, jointe à une compassion si touchante pour la faiblesse humaine, avec ses principes si fermes sur la chasteté, sur le mariage indissoluble, sur le pardon des injures et la charité envers les ennemis, sur l'amour des pauvres et le mépris des richesses. Il paraît avec ces paroles brèves qui touchent et pénètrent les âmes, qui montrent dans Celui qui les a prononcées une connaissance si merveilleuse de la nature humaine.

Les livres des autres religions, le Coran, le Véda, les livres bouddhiques, bien loin de pouvoir

---

(1) *Problèmes et conclusions de l'histoire des religions*, ch. vi. — Consultez aussi le *Résumé des leçons du cours d'apologétique chrétienne*, année 1884. (Putois-Cretté, éditeur.)

être comparés à l'Évangile, sont infiniment inférieurs à des livres qui sont déjà bien au-dessous de l'Évangile, à l'*Imitation*, par exemple. Ils contiennent quelques beaux passages, au milieu d'un amas de puérilités, de doctrines étranges et absurdes, d'énigmes indéchiffrables, d'erreurs scientifiques monstrueuses, de dialogues entre Dieu et l'homme, dans lesquels la divinité joue un rôle ridicule.

La comparaison peut aussi porter sur les fondateurs de religion. Ici se place la grande parole de Rousseau : « Si la vie et la mort de Socrate sont d'un sage, la vie et la mort de Jésus sont d'un Dieu. » Cette parole peut s'appliquer à Çâkya-Mouni aussi bien qu'à Socrate. C'est vainement que l'on cherchera, dans les fables aussi bien que dans l'histoire, une vie qu'on puisse placer à côté de celle du charpentier de Nazareth, devenu apôtre de la vérité, refusant le trône pour se dévouer à sa mission, se livrant lui-même à la mort et pardonnant à ses bourreaux.

Enfin nous pouvons comparer l'œuvre sociale du christianisme à celle des autres religions.

Ici il faudrait faire appel à ceux qui ont vu de près la société musulmane et les sociétés païennes de l'Extrême-Orient. Ils peuvent dire ce qu'est, à côté de ces sociétés, la société européenne et chrétienne, quelle distance les sépare. Ce ne sont pas seulement les principes chrétiens relativement au mariage, à la famille, à la dignité de la femme, à l'égalité entre les hommes, à la protection des faibles, c'est surtout ce principe de progrès, de réforme, ce besoin constant d'améliorer ce qui existe, de réparer les désordres et les injustices, qui caractérise la société chrétienne et qui n'existe que là où l'Évangile a été prêché.

Taine, d'ailleurs, a rendu hommage à cette force du christianisme. Il l'a appelé « un organe spirituel, une grande paire d'ailes indispensables pour soulever l'homme au-dessus de lui-même ». Il n'y a que l'Évangile, dit-il, « pour nous retenir sur notre pente naturelle, pour enrayer le glissement insensible par lequel incessamment et de tout son poids originel notre race rétrograde vers les bas-fonds ». Rien de pareil ne peut être dit des autres religions.

Ainsi rien n'est mieux établi, rien n'est plus évident que la transcendance du christianisme. Si tant d'hommes ont essayé de nos jours de mettre d'autres religions en parallèle avec l'Évangile, n'osant les mettre au-dessus, c'est par la raison que nous avons indiquée plus haut; c'est par la crainte des conséquences qu'entraîne, une fois reconnue, l'incomparable suréminence de la religion chrétienne. C'est que, la transcendance une fois admise, on est bien près d'admettre la divinité de l'Évangile et de reconnaître Jésus pour le maître suprême et universel de l'humanité.

S'il ne s'agissait pas d'une religion vivante et présente, prétendant à régner sur les âmes, jamais on n'aurait songé à mettre le christianisme sur le même pied que les autres religions ; et la transcendance de l'Évangile serait reconnue comme un fait évident.

IV

Nous avons fait un grand pas dans notre marche vers la certitude supra-sensible. Nous savons maintenant où peut se trouver cette certitude et où nous devons la chercher. Nous savons que la diversité et la contradiction des religions ne sont point un obstacle à l'existence de cette certitude, et nous avons le droit de dire que le christianisme peut être absolument vrai, et qu'aucune autre religion ne peut lui disputer ce titre.

Il est cependant une autre forme de cette objection qu'il est nécessaire d'examiner et de réfuter.

Sans cela nous risquerions de voir reparaître une fois de plus le spectre que nous avions plusieurs fois conjuré.

Ce n'est pas seulement, en effet, la diversité des religions que l'on oppose à la certitude des croyances, c'est leur relativité. Chaque religion, dit-on, convient à une certaine partie de l'humanité et à un certain état de civilisation. Chaque religion forme dans la masse de l'humanité un groupe spécial, dont la pensée et le cœur sont dirigés et formés par une tradition. Tout croyant élevé, depuis son enfance, dans une religion, a l'âme moulée par cette tradition de manière à être disposé à trouver vrai et bon ce qui lui est enseigné. Par là même il perd toute impartialité. Élevé ailleurs et dans un autre milieu, il n'aurait pas seulement reçu un autre enseignement, mais il aurait été disposé d'avance à admettre d'autres croyances. C'est par une disposition intérieure, par une adaptation naturelle et héréditaire de l'âme, et non par le seul fait d'avoir reçu d'autres instructions, que chaque croyant devrait pouvoir dire :

> J'eusse été, près du Gange, esclave des faux dieux,
> Chrétienne dans Paris, musulmane en ces lieux.

Au nom de ce système on récuse entièrement à

l'égard d'une religion le témoignage des croyants à cette religion.

On récuse par un autre motif celui des hommes qui passent d'un culte à un autre. Ces changements se faisant tantôt dans un sens, tantôt dans l'autre, sont l'effet de l'enthousiasme, du sentiment, de la passion; ils n'indiquent nullement une conviction rationnelle.

Il en résulte que les seuls juges compétents de la vérité de la religion seraient les incroyants. Seulement ceux-ci peuvent aussi être récusés, car ils sont peu aptes à comprendre les sentiments qu'inspire la foi.

La religion serait donc toujours pure affaire de tradition, d'éducation et de sentiment. Elle n'aurait aucun rapport avec la vérité, et par conséquent ne pourrait donner aucune certitude sur ce qui est au-dessus de l'expérience.

Une des conséquences de ce système serait de mettre en question la valeur de la démonstration que nous venons de donner. On pourrait dire que, comme toute autre question religieuse, la transcendance même du christianisme n'est que relative, que ce sont les chrétiens seuls qui la constatent; que c'est à leurs yeux, que c'est pour eux, que c'est en vertu de leur éducation que le christianisme paraît transcendant. Aux yeux d'un musulman, l'islam n'apparaît-il pas comme la meilleure des religions?

Il est facile de répondre à cette objection, et d'en tirer même une nouvelle preuve de la transcendance du christianisme.

Sans doute, en principe général, ce qui constitue et maintient les sociétés religieuses, ce qui par là même conserve et propage la conviction, c'est la tradition. Ce qui fait, en général, que tel homme appartient à tel culte, c'est le fait qu'il est né et a grandi dans tel courant de tradition.

Sans doute aussi il se produit par la tradition même et par l'influence du milieu une adaptation de l'âme à certaines croyances. On peut même dire que presque partout cette double influence, celle de l'enseignement proprement dit et celle de l'hérédité et du milieu, sont si puissantes, qu'elles produisent à elles seules une conviction complète, et font croire aux adhérents de chaque religion que leur culte est supérieur à tous les autres.

Mais précisément sur ce point le christianisme fait exception. Il y a toujours dans la religion chrétienne, à côté de cet élément de tradition et de sentiment, un autre élément, un élément rationnel. Il y a dans le christianisme ce qu'il n'y a pas ailleurs, des preuves qui justifient la croyance.

La tradition remonte à des faits authentiques où se manifeste l'action d'une cause supérieure. La doctrine contient l'idée d'un Dieu unique, cause du monde et principe de justice, l'idée que la raison reconnaît comme vraie et comme sienne.

La morale est dirigée vers un idéal que la conscience reconnaît comme le véritable idéal, et comme supérieur aux conceptions des autres religions. Le catéchisme chrétien, montrant que la foi repose sur la véracité divine, que le témoignage de Dieu est garanti par les apôtres et les martyrs, que la résurrection a été attestée par des témoins oculaires, est un perpétuel appel à la raison. La morale est un appel à la conscience, et la doctrine de la grâce vient s'adapter aux besoins intimes de l'âme qui lutte contre les passions. Ainsi se produit une conviction de nature toute différente de la conviction des païens.

L'Évangile, d'ailleurs, et l'Église ne craignent pas la lumière. Le christianisme fait appel à l'histoire, à la critique et aux autres sciences qui sont les auxiliaires de l'histoire. Seul il discute publiquement ses preuves; seul il prétend convaincre l'humanité par des arguments.

Vainement dira-t-on que cette raison et cette conscience auxquelles le christianisme fait appel sont la raison et la conscience chrétiennes. Chrétiennes sans doute elles sont en un sens, parce qu'elles sont affranchies par l'Évangile du joug des fausses traditions. Mais c'est la vraie raison, la raison universelle du genre humain, c'est la vraie conscience, œuvre du vrai Dieu et lumière qui éclaire tous les hommes.

La raison que l'Évangile invoque, c'est celle même qui a créé les sciences dont le monde moderne est si fier. La conscience qui déclare l'Évangile supérieur à toute autre doctrine, c'est celle qui, même chez les incrédules, condamne l'injustice, réprouve l'oppression et la tyrannie, et pousse l'humanité dans la voie du progrès.

Aussi le chrétien peut-il entrer, sans rien changer à ses convictions, dans la grande société des savants de l'univers. Il n'est pas obligé, comme le serait le musulman et le bouddhiste, de désavouer ou d'altérer sa propre doctrine, de devenir incrédule pour être savant. Son Dieu n'est pas, comme les dieux païens, engagé dans la trame des phénomènes physiques; il est assez élevé pour laisser planer la science au-dessous de lui. La vie et la mort du fondateur du christianisme ne sont point de ces légendes qu'on n'ose pas toucher de peur de les voir tomber en poussière; ce sont des faits historiques et des documents qui résistent depuis dix-huit siècles à toutes les attaques de la critique, qui usent ses limes et sur lesquels ses marteaux se brisent. La Bible, quoi qu'on en dise, ne dit rien, quand elle est interprétée selon son véritable esprit et selon la pensée de l'Église, qui contredise la science ni l'histoire. L'Église, loin de combattre la raison, affirme les droits de la raison, la protège contre ses défaillances et lui défend de douter d'elle-même. C'est ce que ne fait aucune autre religion.

Aussi, dans l'étude que nous avons faite de la transcendance du christianisme, nous ne nous sommes pas servi de principes spécialement chrétiens, mais de principes rationnels et moraux. La comparaison que nous avons faite, les incroyants, quand ils sont de bonne foi, la font comme nous. Nous avons pu recueillir leur témoignage. Nous n'en avons pas besoin, d'ailleurs, car ce sont les raisons plus que les hommes qui importent en pareille matière.

Or nos arguments sont de l'ordre absolu et non de l'ordre relatif. C'est par des arguments d'histoire et de critique que nous justifions la tradition chrétienne et que nous montrons qu'elle remonte à des faits historiques, au lieu de se perdre dans la légende.

C'est par des arguments tirés de la conscience que nous montrons la transcendance de la personne du Christ et de sa doctrine, et la supériorité éminente de la civilisation chrétienne.

Or l'histoire et la conscience sont de l'ordre absolu et non de l'ordre relatif. Les vérités historiques et scientifiques sont absolues et condamnent l'erreur. Il est et il sera vrai toujours et partout que Copernic a raison contre Ptolémée, comme il est et il sera toujours vrai que c'est l'Église qui a sauvé la civilisation antique lors de l'invasion des Barbares.

La conscience est aussi de l'ordre absolu. Quoi qu'on dise, il est et il sera toujours vrai que la chasteté vaut mieux que la débauche, la charité que la haine, l'égalité et la liberté que l'esclavage.

C'est donc vainement qu'on essaye de nous lancer sur l'océan mouvant du relatif. Nous avons un point immobile où notre ancre est fixée, et nous pouvons croire à la transcendance absolue du christianisme comme nous croyons à la vérité de la science et à celle de la morale éternelle.

V

Nous voici donc en possession d'une première certitude, celle de la transcendance du christianisme.

Nous avons maintenant à pousser plus loin notre recherche et à franchir la limite du monde visible.

Voyons comment ce passage peut s'accomplir.

Ce caractère évident de supériorité éminente sur toutes les autres doctrines religieuses, que nous avons appelé la transcendance, s'applique à la personne du Christ, à sa doctrine et à son œuvre qui est l'Église.

Le Christ, la doctrine chrétienne et l'Église nous apparaissent ainsi comme trois grands faits placés à la limite et à l'horizon du monde expérimental.

Ils touchent très certainement à ce monde; ils sont, par un côté, objets d'observation : leur réalité est perceptible par notre expérience, vérifiable par les sens, s'il s'agit de la partie présente de ces faits, par les méthodes ordinaires de l'histoire, quand il s'agit de la partie qui est dans le passé.

La vie du Christ est historique; il a vécu en Judée, il a été crucifié sur le Calvaire, Ponce-Pilate étant gouverneur de Judée, et Tibère empereur. La doctrine chrétienne a été et est encore enseignée dans le monde; elle pénètre les cœurs, elle se traduit par les œuvres des chrétiens. L'Église est une société visible qui tient une place immense dans l'histoire et dans le monde actuel.

Mais, en raison de cette auréole glorieuse de transcendance qui les couronne, ces trois faits, supérieurs à tout le reste, inexplicables par les lois ordinaires, le Christ, la doctrine évangélique et l'Église, ne paraissent pas appartenir entièrement à ce monde; ils ne sont pas semblables à ce qui s'y trouve. Ils ne semblent surtout pas provenir de ce monde. Leur existence ne s'explique que par une cause supérieure. Ils semblent toucher à la fois à la terre et au ciel. Dès lors on comprend qu'il y ait lieu de chercher à s'en servir pour pénétrer, si cela est possible, dans la région supérieure du monde invisible.

Pour le faire néanmoins, il faut encore écarter un obstacle et franchir une barrière.

Il faut écarter une idée qui, dans beaucoup d'esprits, a pris l'apparence d'un dogme, l'idée de l'impossibilité du surnaturel.

On essaye d'appuyer cette idée sur la science. La science ne dit rien de pareil. Elle constate des lois, mais elle ne dit pas si ni quand ces lois peuvent comporter des exceptions.

S'il existe une cause libre et toute-puissante, supérieure au monde entier, rien ne peut empêcher cette cause d'intervenir quand il lui plaît.

Dire que le surnaturel est impossible en soi, c'est dire qu'une telle cause n'existe pas, c'est dire que le monde entier est soumis à un déterminisme fatal, c'est trancher la question suprême que pose la métaphysique.

Or cela, le positivisme, par son principe même, n'a pas le droit de le faire. Par le fait qu'il déclare ignorer tout ce qui dépasse l'expérience, il ne saurait se prononcer sur l'existence ou la non-existence d'une cause libre supérieure au monde entier.

Dès lors nous ne pouvons parler pour ceux qui admettent ce dogme négatif et qui en font le principe fondamental de leur philosophie.

S'il fallait croire que le surnaturel est impossible, la transcendance que nous avons constatée ne serait qu'une apparence. Bon gré, mal gré, d'une manière quelconque, en forçant les faits, en violentant l'histoire si cela était nécessaire, il faudrait faire rentrer le christianisme dans l'ordre commun, lui retirer son privilège, lui enlever son autorité divine, et par là même déclarer de nouveau que la croyance religieuse ne peut conduire à aucune certitude.

Mais nous parlons à des esprits libres, qui n'ont point subi le joug arbitraire du déterminisme, qui, en présence d'allégations et de faits surnaturels, se montrent défiants et sévères, mais sans avoir un parti pris contre leur réalité. Les positivistes vraiment conséquents doivent être de ce nombre.

Ceux qui pensent ainsi peuvent s'élever de la transcendance du christianisme à son autorité divine. Ils n'ont pour cela qu'à se fier à l'Évangile, à ce livre sublime qui est entre les mains de tous.

Nous savons par la critique que ce n'est point un document supposé, qu'il remonte au siècle même où se sont passés les événements qu'il raconte.

Nous pouvons, à la seule lecture de l'Évangile, juger de la sincérité de ses auteurs. Rien n'a détruit la vérité de la parole de Rousseau : « Mon ami, ce n'est pas ainsi qu'on invente ; il serait plus inconcevable que quatre hommes, d'accord, eussent fabriqué ce livre qu'il ne l'est qu'un seul en ait fourni le sujet. Jamais des auteurs juifs n'eussent trouvé ni ce ton ni cette morale, et l'Évangile a des caractères de vérité si grands, si frappants, si parfaitement inimitables, que l'inventeur en serait plus étonnant que le héros. »

Peut-on croire, d'ailleurs, qu'une œuvre mensongère, ou même une légende imaginaire, eût produit dans l'univers l'œuvre qu'a produite l'Évangile. Les causes sont proportionnées à leurs effets. Qu'une vie légendaire comme celle de Çâkya-Mouni ait produit, par son influence sur les imaginations orientales, le mouvement philosophique et mystique du bouddhisme, mouvement qui s'est transformé bientôt en une grossière idolâtrie, cela se comprend. Qu'une imposture, jointe à l'idée de l'unité de Dieu, ait produit le mouvement politique, militaire et sensuel qui s'est répandu sur le monde sous le nom d'islamisme, cela se comprend encore : les causes sont proportionnées aux effets.

Mais pour produire ce qu'a fait l'Évangile, une société et une civilisation supérieures, des légions de saints et de martyrs, pour lancer l'humanité dans la voie du progrès, pour donner au cœur et à la conscience cette formation spéciale si belle qu'on appelle le sentiment chrétien, pour consoler et faire aimer la souffrance comme l'a fait l'Évangile, il faut la vérité. Ni la légende ni l'imposture ne sont de proportion avec une œuvre pareille, et celui qui, en désespoir de cause, a voulu attribuer à la beauté physique du Christ et à une passion humaine la grande impulsion donnée au monde par l'Évangile, n'a fait que montrer, par la faiblesse même de la solution qu'il a proposée, par la disproportion entre la cause qu'il imagine et l'effet produit, que l'action de l'Évangile sur le monde ne s'explique que si l'Évangile est vrai.

Nous pouvons donc croire au témoignage des évangélistes ; la raison nous y autorise. Mais si nous y croyons, nous devenons certains que Jésus a existé sur la terre tel que l'Évangile nous le présente, Jésus, la sainteté et la sagesse vivantes ; Jésus, la perfection unie à la réalité, contrairement à tout ce qui se passe dans ce bas monde ; Jésus, cet idéal absolu et parfait que l'humanité cherche vainement partout et que les apôtres ont eu le bonheur de contempler, de voir de leurs yeux, d'entendre de leurs oreilles, de toucher de leurs mains. Nous serons certains également que Jésus est ressuscité, qu'il a vaincu la mort. Ici, au témoignage des apôtres contenu dans l'Évangile, nous pourrons joindre celui de l'Église, qui a été fondée par la prédication même de la résurrection, comme saint Paul nous l'atteste, quinze ans après ce grand événement.

La vérité des faits évangéliques étant constatée, nous avons maintenant à en tirer les conséquences.

Rien de plus facile pour ceux qui ont conservé, à titre de certitude, la notion du Dieu chrétien, tout-puissant, juste, miséricordieux et libre. Alors les faits évangéliques sont considérés comme l'œuvre de ce Dieu et la garantie authentique de sa parole. Et ainsi, de la certitude historique des faits on s'élève à la certitude des doctrines.

Mais quand cette notion de Dieu est voilée ou effacée, quand surtout le positivisme et l'agnosticisme ont envahi les âmes, comment est-il possible d'interpréter les faits évangéliques? Quelle conséquence peut-on en tirer?

Il nous semble que ces faits doivent suffire à un sceptique pour lever ses doutes sur l'existence du vrai Dieu, et à un agnostique pour lui donner une connaissance suffisante de ce principe de l'univers que sa philosophie déclarait inconnaissable.

Ne faut-il pas, en effet, à ces faits mystérieux de l'Évangile une cause qui leur soit proportionnée? Et quelle est la cause proportionnée à la vie, à la mort et à la résurrection de Jésus-Christ, sinon précisément ce Dieu souverain et parfait que Jésus adorait et dont il se disait le fils?

Donc, en s'élevant de l'effet à la cause, on doit se dire : Ce Dieu existe certainement.

En outre, nous savons que le Christ a déclaré qu'il connaît le Père éternel et qu'il est chargé de le manifester aux hommes. Le témoignage du Christ est d'une valeur assez grande pour que la raison permette et ordonne même de l'accepter comme la vérité. De même que Jésus, tel que l'Évangile nous le dépeint, ne peut ni nous tromper ni se tromper sur sa relation mystérieuse avec le Père éternel, de même, et à plus forte raison, il ne peut ni se tromper ni nous tromper sur l'existence du Père éternel et sur ses attributs.

Donc, par ces deux voies, l'induction et la croyance au témoignage du Christ, nous pouvons nous élever jusqu'à Dieu, en prenant pour base les faits évangéliques. La raison nous y autorise, et, une fois Dieu connu avec certitude, l'Évangile apparaît comme sa parole authentique.

C'est ainsi que nous pourrons marcher, en nous appuyant sur l'Évangile, du visible à l'invisible.

Dans cette marche que la raison autorise, l'âme est poussée par les besoins du cœur et de la conscience : c'est une remarque qu'il faut faire et dont l'importance est grande.

En effet, la personne du Christ et sa doctrine sont admirablement adaptées à cet ensemble d'aspirations de la nature humaine et de la conscience, auxquelles le positivisme enlève tout ce qui peut les satisfaire. Le Christ est l'idéal vivant que l'amour réclame, la vérité éternelle qui satisfait l'intelligence, la loi qui éclaire la conscience, la force qui soutient la volonté, le pardon que cherche le repentir, la paix qui console la tristesse et l'espérance qui relève ceux qui sont abattus. Il comble le vide que produisent les négations positivistes. L'état où ces négations mettent l'âme humaine est si étrange, si anormal, si inexplicable, et parfois même si intolérable que, du jour où apparaît la possibilité d'en sortir, on doit s'attendre à ce que l'âme se jette tout entière du côté où cette lumière se montre. Et comme cette lumière paraît sous la forme d'un Être réel et vivant, aimable et adorable, d'un Sauveur dont la sagesse et la bonté dépassent toute conception, le cœur s'élance vers lui et s'efforce de l'atteindre.

La vraie, la saine raison peut-elle blâmer celui qui saisit cette main secourable et dit au Christ : « A qui irions-nous, car c'est vous qui avez les paroles de la vie éternelle », ou même celui qui, ne voyant pas la lumière aussi clairement, s'écrie en se tournant vers lui : « Je crois, Seigneur, venez en aide à mon incrédulité » ?

Ainsi les faits évangéliques conduisent l'âme vers Dieu ; ils peuvent servir à rétablir dans les esprits ébranlés par le scepticisme la croyance à l'existence du vrai Dieu ; ils conduisent en même temps l'âme à croire à la révélation divine, au Christ, à sa parole et aux certitudes de l'autre vie que cette parole nous promet.

Seulement celui qui aurait suivi cette route ne devrait pas en rester là et se contenter de cette seule preuve. Il devrait revenir sur la démonstration générale de l'existence de Dieu par la raison. Il devrait chasser de son esprit entièrement le principe funeste de l'agnosticisme, l'idée fausse que la raison ne saurait connaître la cause première. Sans cela, le scepticisme partiel qu'il aurait conservé au fond de son intelligence tendrait toujours à devenir plus général, et sa conviction chrétienne risquerait de s'écrouler. Pour établir cette conviction il a toujours fallu user de la raison. C'est la raison qui nous conduit à déclarer le christianisme transcendant; c'est elle qui apprécie la vérité des faits évangéliques; c'est elle seule qui peut conclure des miracles à la toute-puissance du Créateur; c'est elle qui prononce que le Christ est un témoin absolument digne de foi dans ce qu'il nous affirme sur le monde invisible.

Tout ébranlement de la raison, toute diminution de sa puissance, tout doute sur sa véracité est donc un danger pour la foi. Sans doute la foi est produite en grande partie par la volonté, et la volonté peut et doit la maintenir. Mais le scepticisme, en attaquant la raison, mine la conscience et affaiblit la volonté. Aussi l'Église exige-t-elle que cette puissance de la raison soit reconnue et déclare-t-elle que le vrai Dieu s'est manifesté aux hommes par ses œuvres.

S'il est d'ailleurs, parmi ceux qui doutent, certains esprits qui seront plus facilement convaincus de l'existence du Dieu chrétien par les faits évangéliques, il en est d'autres qui seront plus accessibles à une démonstration dont la base est plus large et qui s'appuie sur l'ensemble des œuvres de Dieu. Saint Augustin, à l'occasion du miracle de la multiplication des pains, fait remarquer que la puissance qui accomplit ce miracle est la même qui multiplie les grains de blé sortant d'une semence unique. La démonstration de la cause première fondée sur l'une et l'autre espèce de faits est identique.

Nous sommes donc conduits à passer sur le terrain de la philosophie et à poursuivre le positivisme sur ce terrain. Nous avons montré que la diversité des religions s'accorde avec l'idée d'une seule et unique révélation divine. Nous avons maintenant à prouver que les incertitudes et les contradictions des philosophes ne font point obstacle à la connaissance certaine du vrai Dieu par la raison.

Quand nous aurons achevé cette démonstration, nous pourrons revenir à l'Évangile. Nous reconnaîtrons que le Dieu découvert et adoré par la raison est le même que le Dieu de la Bible, que l'Être suprême et parfait contemplé par la métaphysique n'est autre que le Père céleste dont Jésus a manifesté à l'univers la bonté et la miséricorde.

La preuve tirée de la philosophie et celle qui résulte de l'Évangile se confirmeront mutuellement. Une même idée de Dieu, obtenue de deux manières, réunira la preuve rationnelle à la conviction fondée sur l'Évangile. Ce sera comme la clef de voûte de l'édifice de la croyance au monde invisible.

Nous serons d'ailleurs encouragés dans nos recherches philosophiques par l'espoir de rejoindre le christianisme. Comme nous l'avons dit, il est impossible, en matière religieuse et philosophique, que les convictions de chaque individu soient appuyées sur l'assentiment universel de l'humanité. Mais, d'autre part, il faut une grande force d'esprit et de caractère pour conserver des convictions invariables quand on ne peut s'appuyer que sur ses propres raisonnements.

L'homme qui ne croit au monde supérieur que par des raisons philosophiques souffre donc, surtout à notre époque, d'un isolement pénible, et est souvent tenté de se demander s'il peut être sûr de ce qu'il croit avoir démontré, quand tant de voix opposées retentissent autour de lui. Celui, au contraire, qui peut arriver, par l'exercice de sa raison, à adhérer à une grande société religieuse et à s'associer personnellement à une foule immense d'esprits unis dans une conviction unanime, est bien mieux affermi contre le doute.

Or c'est dans le christianisme seul, c'est même dans l'Église catholique seule que la raison individuelle, tout en conservant ses droits légitimes, peut trouver un appui solide en adhérant à une grande société d'esprits unis dans une même croyance.

C'est donc le christianisme seul qui peut triompher définitivement du positivisme. C'est d'ailleurs une vérité vivante que l'âme désire, et non des paroles vagues ou des conclusions de raisonnements abstraits. Les docteurs de la nouvelle école l'ont senti eux-mêmes; ils ont compris qu'ils ne pouvaient réussir en se séparant du christianisme, et qu'une réaction purement philosophique ne répondrait pas au sentiment public et serait condamnée d'avance. Mais s'ils interrogent sérieusement et loyalement les besoins du cœur et de la conscience de nos contemporains, lesquels d'ailleurs sont ceux de tous les hommes, ils reconnaîtront tôt ou tard que le Christ seul peut consoler les misères et panser les plaies des âmes, et seront conduits à méditer ces grandes paroles, qui ont été comme la promulgation par les apôtres de la religion nouvelle qu'ils annonçaient : « Le Christ est la pierre de l'angle que ceux qui bâtissaient ont rejetée : il n'y a pas sous le ciel d'autre nom donné aux hommes par lequel nous devions être sauvés. » Ces paroles sont aussi vraies dans les luttes et les controverses d'aujourd'hui que dans celles d'autrefois. Le triste état où les doctrines négatives ont réduit la pensée et la conscience des hommes en notre siècle en est une frappante démonstration. Puissent ceux qui essayent de relever les espérances et les croyances ruinées, ne pas contribuer, par l'insuccès de leurs efforts mal dirigés, à confirmer la vérité de cette déclaration solennelle des apôtres. Puissent-ils ne pas imiter ces constructeurs si nombreux, qui ont échoué pour n'avoir pas posé, à la base de leur édifice, la vraie pierre angulaire, qui est Jésus-Christ.

CHAPITRE IV.

MARCHE VERS L'AU DELA PAR LA VOIE DE LA PHILOSOPHIE

Si nous devions écouter la plupart des philosophes contemporains, la tâche que nous entreprenons serait irréalisable.

La raison n'aurait pas le pouvoir de démontrer l'existence de Dieu. Tous les anciens arguments seraient condamnés d'avance, la critique de Kant les ayant sondés et trouvés insuffisants. Quant à créer des arguments nouveaux qui soient valables, cela serait impossible. *A priori*, il serait démontré que l'homme ne perçoit que ses états de conscience successifs et ne connaît que ses idées subjectives ; il lui serait interdit de sortir de lui-même pour atteindre jusqu'au monde extérieur, à plus forte raison pour s'élever jusqu'à Dieu. Bien plus, il lui serait interdit de pénétrer au delà de ses sensations pour prendre connaissance de sa propre existence. Toute sa science se bornerait à savoir dans quel ordre se succèdent régulièrement certaines sensations et certaines idées. Non seulement l'au delà véritable, le monde supra-sensible, serait en dehors du domaine de la raison, mais, dans le monde expérimental lui-même, c'est le flot mouvant des sensations ou les formes vides de la pensée qui seuls pourraient être connus.

Nous avons dit, dans un article précédent, que ces fins de non-recevoir nous touchent peu et qu'elles ne doivent pas arrêter ceux qui ont besoin de la vérité et qui la cherchent sincèrement.

Nous n'admettons pas que l'on puisse ainsi restreindre artificiellement le pouvoir natif de connaître que possède notre intelligence. A ceux qui raisonnent ainsi, nous répondrons comme ce philosophe grec au sophiste qui, par des arguments aussi plausibles en apparence que ceux de la critique de Kant et de Stuart Mill, déclarait le mouvement impossible, c'est-à-dire en marchant, malgré la théorie qui le condamnait au repos. On n'a jamais le dernier mot dans les discussions avec le scepticisme partiel ou universel. Ce serait perdre un temps précieux et user inutilement les forces de la pensée que d'essayer de le réfuter en détail. Celui qui se laisse prendre aux filets de la philosophie négative moderne est bientôt enlacé par une foule de liens qui arrêtent son essor et l'empêchent de faire un mouvement; mais ces liens se brisent quand on les méprise et qu'on reprend la liberté de sa pensée par l'énergie de la volonté. Notre motif principal, pour ne pas nous laisser arrêter par ces arguments de pure logique, c'est que nous ne pensons pas que la grande question de l'existence de Dieu et celle d'un monde suprasensible puissent être résolues par de tels arguments. Il y a des vérités de détail, il y a des délimitations précises de certaines vérités qui ne peuvent être connues que par une analyse subtile : mais les grandes vérités doivent être perçues par l'intelligence unie à la conscience. Il y a des vues synthétiques primitives que l'analyse doit respecter et qu'elle n'a pas le droit de détruire.

Aux logiciens de profession, leur domaine, comme aux mathématiciens ou aux archéologues et aux linguistes.

Mais, à côté de ces domaines spéciaux et réservés où on ne pénètre que moyennant une longue préparation et des études spéciales, il y a le domaine de la raison générale, accessible à tous les hommes, il y a le domaine du cœur et de la conscience, ouvert à ceux qui aiment le bien et qui, par le bien, peuvent être conduits au vrai.

Nous pouvons d'ailleurs remarquer que, si la majorité des philosophes contemporains semble condamner d'avance notre entreprise, il y a trois grandes voix qui nous encouragent, la voix de la philosophie des siècles précédents, de cette longue série de penseurs qui, commençant à Socrate, Platon et Aristote, se prolonge en passant par saint Augustin, saint Anselme, saint Thomas d'Aquin, jusqu'à Bossuet, Descartes, Leibnitz et Rousseau ; la voix de la conscience populaire de tous les temps et de tous les pays, et enfin la grande voix de l'Église catholique, héritière des apôtres et interprète de la pensée du Christ.

C'est un fait très remarquable, en effet, que l'insistance avec laquelle l'Église a défendu en notre siècle les droits de la raison humaine. Bien qu'elle ait été obligée de lutter constamment contre les prétentions orgueilleuses de la philosophie, contre les usurpations de la raison sur le domaine de la foi, jamais elle n'a permis aux apologistes de refuser à la raison la puissance de s'élever jusqu'à Dieu. Elle les a, au contraire, obligés à reconnaître cette puissance. Elle a enfin solennellement déclaré dans le concile du Vatican que « Dieu, principe et fin de toutes choses, peut être connu avec certitude par la lumière de la raison au moyen des choses créées, car les perfections invisibles de Dieu sont devenues visibles depuis la création du monde, étant manifestées dans les choses créées ».

Ces grands témoignages du passé, de la conscience populaire et de la religion dont nous avons constaté la sublime transcendance, doivent nous suffire pour ranimer notre confiance dans la puissance native de la raison et nous autoriser à entreprendre la recherche rationnelle de la cause suprême de l'univers.

I

C'est dans le monde visible que l'Église nous invite à chercher les marques de l'action de la cause suprême.

Or ce monde, tel que la science nous le décrit, comprend plusieurs éléments joints ensemble ou superposés les uns aux autres.

Il y a d'abord les lois constantes qui régissent les phénomènes.

En second lieu, l'ordre, c'est-à-dire les fins, les buts qui se manifestent dans la nature.

Puis, ce que nous pouvons appeler le fond, le substratum du monde matériel, à savoir : la matière, la force et le mouvement, quel que soit le sens précis des objets désignés par ces trois mots, quelles que soient les relations que ces objets soutiennent l'un avec l'autre.

Enfin, le monde peut être considéré dans sa hiérarchie, dans les degrés de plus en plus élevés de perfection des êtres. Nous sommes ainsi conduits à passer des phénomènes mécaniques aux phénomènes physiques et chimiques, de ceux-ci aux caractères spéciaux des êtres vivants, qui forment eux-mêmes une échelle croissante et nous conduisent jusqu'à l'homme. Là s'entr'ouvrent de nouveaux horizons ; le monde psychologique, le monde de la pensée, de l'amour, de la volonté, se révèlent derrière le rideau des sens et l'apparence des phénomènes. Enfin, ce monde intérieur se traduit au dehors en produisant les faits visibles de la société humaine et de l'histoire.

Parcourons ces divers aspects de l'univers en nous posant sur chacun d'eux la question suprême. Le monde expérimental se suffit-il à lui-même, ou devons-nous le considérer comme l'œuvre d'une cause supérieure ?

Les lois peuvent être considérées, au point de vue purement empirique, comme la simple succession des phénomènes. Telle chose est arrivée après telle autre chose : on doit s'attendre à ce que, la première reparaissant, la seconde reparaîtra également.

Mais ce n'est pas ainsi que la science considère les lois de la nature : elles ne flottent pas ainsi à la surface des choses, elles ont une raison d'être plus profonde.

Cette simple prévision du retour des mêmes phénomènes, produite d'une manière nécessaire par l'association d'idées, effet elle-même d'une loi de la nature humaine, n'est nullement la vraie loi scientifique. Cette prévision existe, en effet, dans mille circonstances où la science la contredit ; c'est elle qui lie les changements de temps aux phases de la lune, les pressentiments incertains, les songes même aux événements qu'ils semblent annoncer ; c'est sur cette tendance de la nature humaine que l'astrologie et les sciences occultes s'appuient pour donner crédit à leurs mensonges.

Les vraies lois du monde physique sont tout autre chose. Constatées par des expériences renouvelées à volonté, elles révèlent dans la nature un élément fixe et invariable qui permet des prédictions certaines. Cet élément, découvert par l'observation, vient du dehors, et non de la pensée ni du désir de l'observateur. Ce sont des lois objectives.

Maintenant quelle est la nature de ces lois ? Elles sont semblables aux pensées de l'homme. Ce sont des combinaisons numériques et géométriques où le nombre, la grandeur et les angles sont engagés. Les combinaisons chimiques se font suivant des multiples exacts d'un même équivalent ; les cristaux se déposent suivant des formes géométriques précises. Les effets de l'électricité et du magnétisme ne peuvent être exprimés d'une manière générale qu'au moyen de notions géométriques assez complexes.

Il y a donc de la pensée dans le monde physique. Les lois sont des éléments intelligibles, ce sont de vraies pensées.

Mais de qui sont-elles la pensée? Est-ce de l'observateur, de l'esprit humain? Kant et son école l'ont soutenu et le soutiennent encore.

Mais la vraie science dément cette théorie. Ce n'est pas nous qui mettons notre pensée dans l'univers, qui le moulons suivant les formes de notre esprit : nous trouvons, au contraire, dans le monde une pensée que nous ne connaissions pas, que nous ne pouvions pas prévoir, qui s'impose du dehors à notre esprit. Qui aurait prévu que la différence entre les composés de l'azote et de l'oxygène provient du nombre des équivalents combinés; que l'immense variété des huiles, des alcools ou des autres composés organiques, avec leurs parfums différents, leur état tantôt gazeux, tantôt liquide ou solide, leurs propriétés bienfaisantes ou malfaisantes, provient des groupements divers des molécules identiques de trois corps simples?

Qui aurait inventé *à priori* la loi des courants électriques et la mesure de leurs effets par ces unités nouvelles, inconnues aux anciens, je dirai plus, inintelligibles pour eux : le volt, l'ampère, le farad, etc.?

Maintenant, s'il y a de la pensée dans l'univers décrit par la science, si cette pensée vient du dehors et non du dedans, du monde observé et non de l'observateur, qu'est-ce donc que cette pensée objective?

Ne faut-il pas qu'elle soit la pensée d'une intelligence, d'un être pensant?

On essaye d'échapper à cette conclusion en parlant d'une pensée abstraite, d'une idée en soi, d'un axiome éternel qui se prononcerait lui-même, d'une parole créatrice, d'une idée-force.

Ces mots signifient-ils quelque chose? Ou bien ce sont des déguisements pour exprimer une vraie pensée, c'est-à-dire la conception d'un être pensant, ou bien ce sont des paroles absolument vides de sens.

Si l'axiome de M. Taine se prononce lui-même, c'est qu'il est une réalité et même une personne. L'idée qui est une force n'est pas une idée en l'air; c'est l'idée d'un ou de plusieurs individus.

On parle constamment des idées modernes qui remuent le monde ; mais depuis quand le remuent-elles ? Depuis qu'elles sont pensées par les hommes, connues et répandues parmi les hommes. Auparavant, à l'état de pures abstractions, de pures possibilités, elles étaient impuissantes.

Donc, puisque la pensée existe dans l'univers, puisque cette pensée ne vient pas de nous, mais de l'univers lui-même, puisque toute pensée est la pensée d'un intelligence, il y a une intelligence, une intelligence différente de la nôtre, qui vit et qui se meut dans l'univers et qui lui imprime le caractère intelligible des lois physiques et chimiques.

Et comme ces lois s'étendent à l'univers entier, comme nous les voyons se vérifier dans la lumière qui provient des étoiles les plus éloignées, comme toutes les lois sont liées ensemble et procèdent les unes des autres, nous devons reconnaître que l'univers est pénétré par une pensée unique et qu'il est par conséquent l'œuvre d'une intelligence unique qui a tout organisé, qui a conçu toutes les lois et les manifeste aux esprits humains, revêtues de la forme sensible et visible des phénomènes.

Oui, il y a parenté, similitude entre nos conceptions et les lois du monde, mais il n'y a pas identité. Construire le monde par la pensée comme le voulait Hegel, c'est une folie ; c'est du monde que nous recevons la connaissance de ses lois, et quand nous essayons de le reconstruire par une déduction logique, ou bien nous lui rendons ce que nous avons reçu de lui, ou bien nous substituons des rêves à la réalité. Il y a une pensée dans l'univers, mais ce n'est pas notre pensée, c'est la pensée de Dieu.

Voyez ces hommes qui déchiffrent patiemment les stèles de l'Égypte ou les briques de la Chaldée ; que cherchent-ils sous ces signes mystérieux ? Est-ce leur propre pensée ? Non, c'est la pensée d'autrui. C'est celle de ces vieux rois endormis dans le tombeau depuis des milliers d'années. Doutent-ils un seul instant que cette pensée qu'ils saisissent ainsi soit celle d'êtres pensants réels ? Et ces géologues qui nous décrivent la vie et les mœurs de nos premiers ancêtres, ou qui supposent un être intelligent précurseur de l'homme, sur la foi de certains dessins gravés sur des cailloux ou sur des morceaux de bois, que font-ils ? Ils découvrent une pensée, non la leur, mais celle de ces êtres antiques, et ils disent sans hésiter : A telle époque, en tel lieu, il a existé des êtres pensants.

Et maintenant que font les physiciens, les chimistes, les naturalistes ? Ils découvrent une pensée, qui n'est pas leur pensée ; ils déchiffrent des signes ; et comme cette pensée répandue partout est partout la même, comme les lois de la mécanique, de la physique et de la chimie sont liées entre elles, font partie d'un même plan, s'entrecroisent et s'appuient l'une sur l'autre, comme le monde est une unité, comment peuvent-ils ne pas conclure que cette pensée unique et universelle est celle d'une intelligence unique et universelle elle-même? N'est-ce pas une inconséquence que de dire, en présence d'une inscription et d'un dessin antique : Il a existé des êtres pensants dont la pensée est ici gravée, et de ne pas dire, en présence de ce tableau merveilleux des lois de l'univers, de cette arithmétique et de cette géométrie sublime dont nous épelons péniblement les premiers éléments : Dans cet univers règne une intelligence; ces lois sont la pensée de Dieu?

II

Mais il n'y a pas seulement de lois dans la nature, il y aussi des fins, il y a des buts.

Il y a des moyens évidemment préparés pour une fin. Il y a des combinaisons d'organes et d'instincts qui sont évidemment destinés à réaliser un objet à venir.

Les exemples de cette finalité naturelle abondent. M. Janet, dans son livre intitulé *les Causes finales,* en a recueilli un nombre immense.

Du reste, la finalité est loi générale du monde organique ; toute plante, tout animal se développe et grandit conformément à une idée directrice. Tout organe correspond à une fonction déterminée et est adapté à cette fonction.

Je ne m'arrêterai pas à décrire ces admirables adaptations, à montrer que l'œil humain est une lunette vivante, munie de la faculté de s'adapter aux diverses distances, que le cœur est une pompe aspirante et foulante munie de valvules qui s'ouvrent ou se ferment au moment convenable, que la main est un outil précieux, propre à mesurer comme un compas, à saisir comme une pince et à palper les corps pour en distinguer les formes. Je me garderai également d'entrer dans la description des instincts des animaux guidés par la nature vers un but qu'ils ignorent.

Ce qui importe, c'est de voir quelle est la force de l'argument que l'on peut tirer de ces faits connus de tous, si l'explication de ces faits par la prévision d'une intelligence ordonnatrice s'impose absolument à l'esprit, ou s'il y a quelque moyen légitime et logique d'échapper à cette conclusion.

Il y a, pour s'élever de l'ordre à une cause intelligente, deux arguments superposés, l'un tiré simplement de l'analogie entre les adaptations produites par la nature et les machines faites par l'homme, l'autre, plus profond, tiré de l'analyse même de la notion de finalité.

Le premier argument n'est pas à dédaigner. Son principe est celui-ci : mêmes effets, mêmes causes, ou plutôt : effets semblables, causes semblables. C'est un principe dont les positivistes auraient mauvaise grâce à contester la valeur, puisque, niant la possibilité de s'élever aux causes efficientes, ils fondent toute la science sur les relations régulières entre des antécedents semblables et des conséquents semblables.

Voici comment s'établit ce raisonnement par analogie :

Dans les œuvres de l'industrie humaine, il y a constamment adaptation de moyens à un but à venir, et cette adaptation s'explique par la prévision d'une intelligence.

Si donc nous rencontrons dans la nature un ensemble de moyens adaptés également pour un but à venir, nous devons naturellement présumer et supposer que cette adaptation a été faite par la prévision d'une intelligence.

Soit une locomotive et un cheval. Il y a dans la locomotive un moteur, divers systèmes de transmission, un ensemble d'organes distincts qui concourent tous à un but unique, faire progresser la locomotive dans un certain sens et lui permettre de traîner des personnes ou des fardeaux. Si ces organes sont construits et disposés de telles façons que le but soit atteint, c'est parce que l'ingénieur qui a construit cette machine, ayant ce but en vue, les a disposés pour cela.

Considéré anatomiquement et physiologiquement, le corps du cheval est un appareil où se trouvent un moteur et des organes, un foyer de combustion qui est le poumon, et où tout est disposé pour la progression, et le cheval remplit le même rôle de traction que la locomotive.

Dès lors, puisque dans le premier cas l'adaptation a eu pour explication suffisante la prévision d'une intelligence, ne doit-on pas supposer la même cause dans le second cas?

A première vue, cet argument frappe le bon sens vulgaire. Que l'on montre à un enfant ou à un homme qui n'a pas encore réfléchi sur ces sujets, le plan de la locomotive et le dessin anatomique du cheval, que l'on place sous ses yeux la coupe d'un œil humain et celle de la chambre noire d'un appareil de photographie, en lui expliquant la correspondance des diverses portions de chaque dessin, et il sera porté immédiatement à se dire qu'il a fallu, pour les œuvres de la nature, un ouvrier plus habile que pour les œuvres de l'industrie.

Néanmoins, nous devons convenir qu'à la suite de cette première vue du bon sens, de cette sorte d'apparition de l'intelligence de la cause dans l'intelligibilité de l'effet, il se produit souvent une sorte de réaction. Après avoir constaté les ressemblances, le regard de l'esprit se porte sur les différences. Les œuvres de la nature et celles de l'industrie de l'homme forment deux catégories d'objets assez différents pour être reconnus et distingués les uns des autres à première vue. Il y a, dans les œuvres de la nature, une perfection plus grande, une spontanéité vitale, un principe de progrès intime, qui manquent aux œuvres de l'homme. Il semblerait naturel de conclure seulement de cette différence qu'elles sont l'œuvre d'une intelligence plus puissante. Mais souvent on en tire la conclusion contraire. Comme la cause des œuvres industrielles est visible, comme nous pouvons entrer en rapport direct avec l'ingénieur, lui parler, l'entendre exposer ses plans, nous ne pouvons douter, en ce qui concerne ses œuvres, de la relation entre la prévision de l'intelligence et l'adaptation des moyens. La cause des œuvres naturelles étant, au contraire, invisible et échappant à notre expérience directe, au lieu de nous dire : C'est une intelligence plus puissante que celle de l'homme, nous sommes portés à dire simplement : C'est une cause différente de l'intelgence humaine. Nous donnons à cette cause inconnue un nom ; nous l'appelons la nature. Sous ce terme vague peuvent se glisser toutes sortes de conceptions diverses. Et comme l'un des traits qui nous frappent dans les œuvres de la nature, c'est la constante uniformité des lois auxquelles elles obéissent, nous transformons cette idée de la constance absolue en celle de la nécessité, et nous considérons les œuvres comme produites d'une manière fatale. Perfection et fatalité nous paraissent les caractères des œuvres naturelles, imperfection et choix volontaire et libre, ceux des œuvres de l'industrie humaine.

Ainsi s'affaiblit le premier effet saisissant de l'argument par analogie.

Néanmoins une réflexion plus approfondie peut faire reparaître l'évidence convaincante de cet argument.

Il suffit de remarquer que les différences qui existent entre les œuvres de la nature et celles de l'industrie sont étrangères au fait de l'adaptation à un but. Le rapport des moyens à la fin est le même dans les deux espèces d'œuvres, sauf que, dans les œuvres de la nature, la complication est plus grande et les adaptations plus multipliées. Or, comme c'est ce rapport des moyens à la fin qui demande la prévision d'une intelligence, il y a autant de raison de croire en une cause intelligente dans les deux cas.

Les différences signalées n'ont, d'ailleurs, pas le sens qu'on leur attribue. La perfection des œuvres naturelles, l'uniformité des lois, n'impliquent nullement la fatalité et n'excluent en aucune manière le choix libre d'une intelligence. Lorsque l'homme est arrivé à dominer la nature, lorsque la science s'est développée, et qu'il a acquis par le travail une puissance physique plus grande, il approche de cette perfection des œuvres naturelles et parvient à donner à ses œuvres un caractère d'uniformité absolue.

Les organes des machines délicates, les pièces des instruments de précision peuvent être produites avec une perfection d'adaptation merveilleuse, et les produits mécaniques ont entre eux une parfaite similitude. Et cependant machines et produits sont le résultat de la prévision et du choix des ingénieurs et des fabricants. Nous pouvons ajouter à ces considérations une remarque importante. Les différences, quant à l'origine, au mode de développement, à la régularité et à la perfection des œuvres de la nature et des œuvres de l'art humain, sont des différences apparentes, saisissables à première vue. Au contraire, la ressemblance entre les unes et les autres, cette adaptation exacte de moyens complexes à une fin unique est quelque chose d'intime à ces œuvres, quelque chose qui se voit d'autant plus clairement que l'on examine les unes et les autres avec plus d'attention. Superficiellement et au dehors, un cheval et une locomotive sont des êtres très différents. Examinez, au contraire, l'intérieur, vous trouverez les plus étroites ressemblances ; le cœur est une pompe analogue à celle du condenseur ; les poumons sont un foyer où la combustion de l'oxygène produit de la chaleur et de la force comme le foyer d'une machine, les veines ressemblent aux tuyaux, les os aux organes solides et les muscles aux organes de transmission.

De là résulte ce fait singulier que, lorsque nous considérons attentivement dans les œuvres de la nature ces admirables mécanismes, ces moyens si nombreux, adaptés à des fins éloignées dont ils sont séparés par d'innombrables intermédiaires, l'idée d'un auteur intelligent naît spontanément dans l'esprit, tandis que c'est en détournant les yeux de cette science détaillée, et s'arrêtant à ces idées un peu vagues, œuvres différentes de celles de l'homme, œuvres fatales sortant de lois constantes, que l'on est porté à douter de l'existence d'une cause intelligente.

De tous ces motifs de doute, le plus efficace est peut-être le simple mot de *nature*. « Cela est naturel, la nature agit ainsi, c'est l'effet de la nature. » Ces phrases banales, qui ne contiennent, en réalité, aucun sens, sont une des formes les plus puissantes de la négation de la cause intelligente.

Bien loin donc qu'il faille considérer la croyance à une telle cause comme un préjugé produit par l'irréflexion et la perception des apparences, c'est, au contraire, la négation de cette cause qui présente ce caractère de préjugé vulgaire et de croyance aveugle. C'est l'étude attentive, c'est la réflexion, c'est la méditation sur les œuvres de la nature qui conduisent à y voir avec évidence l'action de Dieu. Aussi lorsque, dans notre siècle, on a cherché à déraciner la croyance à la Providence, il a fallu imaginer, pour remplacer cette croyance, des systèmes artificiels très compliqués, comme celui de Darwin. Dans l'antiquité, cela n'était pas nécessaire; les idées vagues de nature et de lois suffisaient.

Ce n'est donc pas une croyance vague, c'est une

croyance motivée qui porte à s'élever de l'ordre à l'intelligence ; c'est un véritable raisonnement, une induction naturelle et spontanée, mais régulière et normale. C'est une application instinctive du principe fondamental des sciences expérimentales : mêmes effets, mêmes causes. Notre intelligence suit sa nature en affirmant que l'ordre et la finalité ont pour cause un être doué de la faculté de prévoir.

Et cependant cet argument d'analogie, cette comparaison entre les œuvres de l'homme et celles de la nature n'est pas la seule, ni même la principale preuve de cette croyance à une cause intelligente de l'univers. Il est une autre forme plus rigoureuse et plus absolue de la même démonstration.

Elle consiste à analyser l'idée même de finalité.

M. Janet a défini cette idée en ces termes : Le présent déterminé par l'avenir.

Expliquons cette définition.

Pourquoi, dans une machine, le piston a-t-il telle dimension et s'ajuste-t-il de telle manière à la bielle et au cylindre ?

C'est pour pouvoir accomplir sa fonction dans la marche de la machine. Mais, quand le piston a été forgé et ajusté, la machine n'existait pas, et à plus forte raison ne marchait pas encore. C'est ce fait à venir qui est la cause déterminante de la forme et des dispositions que le piston acquiert actuellement par le travail des forgerons et des ajusteurs.

Pourquoi l'enfant, étant encore dans le sein de sa mère, a-t-il des yeux déjà formés, une rétine, un cristallin, une cornée ? C'est pour que plus tard il puisse apercevoir la lumière du jour.

C'est, dans un cas comme dans l'autre, l'avenir qui détermine le présent.

Or il semble qu'il y ait ici une impossibilité, une contradiction absolue.

L'avenir qui n'est pas encore, l'avenir qui n'est qu'une possibilité non réalisée, un pur néant, comment peut-il agir sur le présent ? Comment peut-il produire une réalité actuellement existante, ou même en déterminer et en diriger la production. S'il est un principe évident et incontestable entre tous, c'est que les phénomènes sont déterminés à être de telle ou telle manière par ce qui les précède et non par ce qui les suit. L'état de l'univers physique, à chaque moment de la durée, détermine l'état du moment suivant, et ainsi de suite à l'infini. Le passé est cause du présent et le présent cause de l'avenir.

Cela est tellement évident, que cet ordre de causalité peut être considéré comme une sorte de définition du temps lui-même. Remonter ce courant est impossible. Ce qui n'est pas encore ne produit rien.

> Comment l'aurais-je fait, si je n'étais pas né ?

dit l'agneau au loup de La Fontaine ; et, quelque envie qu'ait le loup de prendre l'agneau en défaut, il n'ose pas lui dire : Tu as pu le faire avant d'exister.

Quelle est la solution de cette antinomie ?

Quand il s'agit d'une œuvre de l'homme, elle est très simple, elle est d'une simplicité vulgaire, mais d'une simplicité profonde et féconde en conséquences.

Si l'avenir qui n'existe pas encore peut déterminer le présent qui existe actuellement, c'est parce que cet avenir a une double existence, parce qu'il est à la fois présent et avenir, parce que, n'existant pas encore dans sa réalité concrète, il existe dans la pensée et la prévision d'une intelligence.

Si les ouvriers forgent le piston en vue du mouvement de la machine qui n'existe pas encore dans sa réalité concrète, c'est que cette machine et son mouvement existent déjà dans la pensée et le projet de l'ingénieur ; c'est que le plan du piston que l'ouvrier exécute n'est qu'une des parties du plan général que le constructeur a tracé.

C'est donc la double existence idéale et réelle d'un même fait, prévu par une intelligence et réalisé plus tard, qui est la clef de l'antinomie.

Le présent peut être déterminé par l'avenir, parce que l'avenir, étant prévu, existe déjà dans la pensée d'une intelligence.

Mais, s'il en est ainsi, partout où nous trouvons cette détermination du présent par l'avenir, cette adaptation évidente de moyens existant actuellement à un but qui n'existe pas encore, nous pouvons conclure avec assurance que le but a été prévu. Sans cela, cette adaptation des moyens serait un effet sans cause.

Nous ne concevons que deux modes d'existence des êtres, l'existence idéale dans la pensée d'un être intelligent et l'existence réelle et concrète.

Le but à venir n'ayant pas l'existence réelle, puisqu'il n'existe pas encore, et cependant agissant efficacement sur les moyens, puisqu'il en détermine la forme, la nature et l'assemblage, il faut nécessairement que ce but ait l'existence idéale, c'est-à-dire qu'il soit prévu par une intelligence

Ainsi, la finalité étant définie comme l'a fait M. Janet, la prévision par une intelligence s'ensuit rigoureusement. Une finalité sans prévision serait un effet sans cause, ou bien ce serait la supposition absurde d'une action efficace de l'avenir sur le passé.

Comment font maintenant ceux qui essayent d'échapper à cette conclusion ?

Ils emploient pour cela deux moyens aussi peu concluants l'un que l'autre. Les uns laissent subsister l'idée qu'il y a de vrais buts dans la nature, qu'il y a une adaptation réelle et objective du présent à l'avenir, mais ils attribuent cette adaptation à une cause autre que la prévision d'une intelligence.

Ils parlent d'une *finalité inconsciente*. Ils donnent comme exemple d'une telle finalité les actes instinctifs que les animaux accomplissent et par lesquels ils tendent vers un but qu'ils ignorent. Puisque cela existe, disent-ils, cela est possible. Donc partout on peut supposer dans la nature des tendances aveugles vers un avenir inconnu.

La réponse est bien simple. Lamartine la donne éloquemment dans ses beaux vers sur la croissance du chêne.

> Il vit, ce géant des collines,
> Mais avant de paraître au jour,
> Il se creuse avec ses racines
> Des fondements comme une tour.
> Il sait quelle lutte s'apprête
> Et qu'il doit contre la tempête
> Chercher sous la terre un appui.
> Il sait que l'ouragan sonore
> L'attend au jour... ou s'il l'ignore,
> Quelqu'un du moins le sait pour lui (1).

(1) *Harmonie*, livre II. 9ᵉ harmonie (*le Chêne*).

Ce que dit le poète est d'une vérité simple et frappante.

Du moment qu'il y a une vraie adaptation de moyens à une fin, une réelle influence de l'avenir sur le passé, il faut absolument que l'avenir soit prévu par une intelligence. Donc, s'il n'est pas prévu par l'être visible où l'adaptation se produit, c'est qu'il est prévu par un être supérieur invisible.

Certains insectes préparent instinctivement le lieu où ils doivent déposer leurs œufs, et y placent des provisions de nourriture nécessaire pour les larves qui en sortiront : ils font cela d'une manière mécanique et sans intelligence. Quand on enlève leurs œufs, ils ne semblent pas s'en apercevoir et continuent leur travail devenu inutile. Évidemment, ils sont conduits par une série d'images qui se succèdent dans leur cerveau et les poussent à des actes dont ils ne comprennent pas le but. Mais puisque ces images successives les conduisent à un but déterminé et leur font faire ce qui est nécessaire pour la conservation de l'espèce, c'est que leur cerveau a été organisé et muni de cette série d'images par l'auteur de leur être, et que cet auteur, ayant prévu le but, a fait en sorte qu'il fût atteint.

Il y a une équivoque dans ce mot de *finalité inconsciente*. La finalité peut être inconsciente dans un agent, à la condition qu'elle soit consciente et prévue dans un autre agent supérieur. Une finalité réelle et absolument inconsciente, ce serait une prévision sans prévision, ce serait l'avenir exerçant une action réelle sur le passé, ce serait, comme nous l'avons dit, un effet sans cause. Accepter cette idée, c'est rigoureusement se payer de mots.

L'autre moyen par lequel on essaye d'échapper à l'idée d'une prévision intelligente consiste à nier l'existence même de buts.

Il n'y a pas de causes finales, dit-on, il n'y a que des causes efficientes. C'est le hasard qui produit l'ordre. Les combinaisons où se trouve cette adaptation apparente du présent à l'avenir ne sont qu'un cas fortuit parmi une multitude infinie d'autres combinaisons possibles.

Une telle opinion peut être soutenue théoriquement. Elle ne résiste pas à une étude pratique des exemples de finalité que la nature présente.

Les adaptations merveilleuses de l'œil, des muscles, des nerfs, les conditions si complexes par lesquelles s'accomplit la croissance, la nutrition, la reproduction des êtres, les instincts si variés des animaux, apportent, quand on les considère, une conviction absolue et indestructible de l'existence d'une vraie finalité.

Peu importe, d'ailleurs, comment le but est atteint. Peu importe que les organes se soient développés sous l'action des milieux, que la sélection naturelle et la concurrence vitale aient contribué à les diversifier et à faire prédominer certains caractères ; le résultat étant une merveilleuse adaptation, la cause doit être une intelligence qui a prévu le but.

Peu importe qu'une statue ait été taillée en relief dans le marbre ou coulée dans un moule ; si elle a les caractères de beauté sublime, il faut que ce soit un artiste qui ait fait la statue ou le moule. Quand ce seraient, comme le veut Darwin, les variétés successives des milieux, correspondant aux variations accidentelles des types, qui auraient produit les animaux supérieurs, cette double série de variations, tendant vers un but compliqué, a dû être prévue et disposée par une intelligence.

Tout système qui exclut la finalité réelle équivaut à la vieille hypothèse des jets, à la production de l'ordre par le hasard. Or, jamais on ne croira que des lettres jetées au hasard forment un poème, quel que soit le nombre des jets ; l'effet ne serait pas contenu dans la cause. Des causes désordonnées ne peuvent produire qu'un effet qui leur est semblable. D'ailleurs, comme l'a très finement remarqué M. Janet, les jets successifs sont une chimère. Il n'y a dans le monde actuel qu'un seul jet, une seule série de phénomènes qui se succèdent suivant des lois déterminées. Si l'ordre et la finalité se trouvent dans cette série, c'est qu'ils y ont été mis ; ils ne sauraient y être nés tout seuls.

Ainsi, ni la finalité inconsciente, ni la finalité apparente, ne sont soutenables. Il y a une adaptation réelle du présent à l'avenir ; donc l'avenir influant sur le passé préexiste dans la prévision d'une intelligence. De quelque côté que l'on se tourne, l'argument subsiste et nous oblige à chercher au-dessus du monde expérimental la cause qui fait marcher le présent aveugle vers un avenir qu'il n'a pas prévu, et qui doit cependant avoir été prévu.

III

Nous sommes encore obligés d'élever jusqu'à une cause supérieure à la nature, quand nous portons nos regards sur les éléments qui constituent le monde matériel, la matière, la force et le mouvement.

Rousseau expose ainsi la preuve tirée du mouvement :

« Descartes, avec des dés, formait le ciel et la terre, mais il ne put donner le premier branle à ces dés, ni mettre en jeu la force centrifuge qu'à l'aide d'un mouvement de rotation. Newton a trouvé la loi de l'attraction, mais l'attraction seule réduirait bientôt l'univers en une masse immobile. A cette loi il a fallu joindre une force projective pour faire décrire des courbes aux corps célestes. Que Descartes nous dise quelle loi physique a fait tourner les tourbillons ; que Newton nous montre la main qui lança les planètes sur la tangente de leur orbite. »

Depuis cette époque, la science a-t-elle par ses progrès diminué la force de cet argument ? Nous ne le pensons pas : l'hypothèse primordiale qui domine aujourd'hui, l'hypothèse de Laplace, celle de cette nébuleuse qui tourbillonne et engendre les planètes, les lance sur leurs orbites, et se condense pour devenir le soleil, ne diffère guère des tourbillons de Descartes, et exige aussi bien qu'eux une impulsion primordiale qui la fasse tourner dans un certain sens, avec une certaine vitesse...

On peut donc se demander, aujourd'hui comme alors, quelle est la cause de cette impulsion...

On a cependant essayé en notre siècle de jeter une certaine confusion sur ces notions claires du mouvement et de l'inertie. Certains philosophes ont cru pouvoir identifier la force et la matière. Comme d'un autre côté la force et le mouvement ont une grande affinité et que certaines théories scientifiques réduisent la force à n'être que l'effet du mouvement des molécules, on a pu croire que ces trois éléments : force, matière et mouvement, étant ramenés à l'unité, une cause supérieure ne serait plus nécessaire.

Mais la science elle-même répond à cette objection. Dans tout ensemble de corps, que ce soit une machine, un animal, une masse liquide ou gazeuse comme la mer et l'atmosphère, ou même le système planétaire tout entier, la science distingue avec une grande précision deux quantités mesurables, indépendantes l'une de l'autre, la masse du système et l'énergie motrice qu'il contient. Chacune de ces deux quantités subsiste invariable dans toutes les transformations des corps et demeure la même sous toutes les vicissitudes des phénomènes.

La persistance de la masse est la base même de la chimie, depuis les découvertes de Lavoisier. C'est à cause de cette persistance que le poids total des éléments se retrouve dans les composés.

La persistance de l'énergie motrice a été découverte en notre siècle.

Mais toutes deux persistantes, la masse et l'énergie se séparent constamment l'une de l'autre. Un même système matériel composé des mêmes éléments, et ayant une masse constante, peut posséder des quantités d'énergie extrêmement variables ; et l'énergie, à son tour, sous ces trois aspects, mouvement, chaleur, électricité, se transmet d'un système de corps à un autre.

Ainsi ces deux quantités indépendantes mesurent comme deux degrés de réalité qui se trouvent partout dans le monde matériel. Le degré supérieur, l'énergie, peut augmenter ou diminuer dans un sytème, tandis que la masse du système reste invariable. L'énergie est adventice par rapport à la matière ; elle vient du dehors et d'au-dessus. Elle vient d'un principe moteur qui l'a répandue, selon la mesure qu'il a choisie, sur des éléments inertes qui, privés de cette énergie, tombés au zéro absolu de force et de température, conserveraient cependant leur masse invariable.

Donc, nous pouvons donner à la pensée de Rousseau une forme moderne et dire : Quelle est la puissance qui a répandu l'énergie motrice dans la masse inerte de la matière ?

IV

Nous voici arrivé par cette première étude du monde matériel à un résultat important. Nous avons reconnu que ce monde ne se suffit pas à lui-même et qu'il dépend d'une cause extérieure et supérieure. Cette cause est unique, puisque les lois de la matière sont partout les mêmes et que les phénomènes sont liés ensemble. Cette cause est intelligente, d'abord parce que les lois contiennent une pensée, ensuite parce que, sans une telle cause, les merveilleuses adaptations, le lien entre les moyens et les buts, entre les organes et les fonctions qu'ils doivent remplir, seraient inexplicables. En un mot, Voltaire avait souverainement raison contre les encyclopédistes lorsqu'il disait : « Plus j'y pense et moins je puis songer que cette horloge existe et n'ait pas d'horloger. »

Il est cependant un autre aspect de l'univers qui confirme cette démonstration. C'est l'univers considéré dans son développement progressif, dans son histoire que la science a découverte depuis deux siècles. C'est un argument qui diffère du précédent en ce que sa base est tout à fait moderne.

Avant les immenses progrès de la science, on aurait pu croire que le monde avait toujours duré tel qu'il existe, la veille étant la cause déterminante du lendemain, les phénomènes se suivant de jour en jour, d'année en année, et formant des cycles périodiques se succédant sans altération.

La science nous a montré que notre système planétaire, la terre, et l'ensemble des êtres dont la terre est l'habitation, ont apparu successivement suivant un ordre hiérarchique, les plus compliqués comme organisation, les plus riches en phénomènes, les plus beaux et les plus dignes d'estime et d'amour, ayant paru les derniers.

Nous avons maintenant à chercher la cause de ce progrès de l'univers. L'existence de ce progrès n'est pas contestée.

Son point de départ, selon l'hypothèse très vraisemblable des savants, c'est une masse gazeuse très dilatée, composée des éléments simples dont la combinaison produit les corps que la science énumère et décrit, pénétrée d'une quantité immense d'énergie motrice, de chaleur et d'électricité (ces trois formes de l'énergie étant identiques ou se transformant l'une dans l'autre) et animée d'un mouvement général de rotation.

A mesure que la masse se refroidit, certaines parties se condensent, des anneaux plus denses se forment, puis se brisent et donnent naissance à des masses isolées, lesquelles sont animées à la fois d'un mouvement de rotation sur elles-mêmes et d'un mouvement circulaire ou elliptique autour du centre de la masse primitive. Plus tard ces masses deviennent liquides, et plus tard encore elles se recouvrent d'une couche solide.

C'est alors que par l'effet d'une cause inconnue les plantes commencent à germer et à croître sur une partie du sol de la planète; que les eaux se peuplent d'animaux aquatiques ou amphibies; bientôt apparaissent les animaux terrestres. On ne peut pas affirmer qu'il y ait partout et toujours une hiérarchie absolument progressive; il est néanmoins vrai qu'en général les êtres les plus anciens de la série ont une organisation plus simple que ceux qui sont venus plus tard. Enfin l'homme n'apparaît qu'aux dernières époques géologiques. Ce développement, qui, sauf la division en jours distincts, a une très grande ressemblance avec le récit de la Genèse, est, d'un unanime aveu, un véritable progrès. A la confusion d'une masse gazeuse qui tourbillonne succède la distinction des astres, marchant suivant leurs orbites d'après des lois mathématiques. A la mécanique céleste se superpose bientôt l'harmonie des êtres vivants, aux plantes insensibles viennent s'ajouter les êtres doués de sensibilité chez lesquels apparaît un monde nouveau, celui des sensations, du plaisir et de la douleur, des attraits, des passions, des instincts. Vient enfin l'homme, chez lequel se manifestent la raison, le langage, la science, l'art, la poésie, l'industrie, l'amour, la vertu, le courage, la religion, la poursuite de l'idéal, etc.

Personne n'osera contester que la vie ne soit supérieure à la mécanique, la sensibilité à la vie purement végétale, la raison, la conscience, la vertu et la science à la sensibilité et à l'instinct.

C'est donc très certainement un progrès du moins au plus qui se manifeste dans l'histoire de l'univers. C'est une ascension vers un terme supérieur, qui est l'homme, le plus élevé des êtres connus, le seul qui possède la raison, le seul qui connaisse le monde et qui se connaisse lui-même.

Comment s'est faite cette ascension? Est-ce par degrés insensibles ou bien par des transitions brusques? Est-ce suivant des lois uniformes ou par une série de changements, unique chacun dans son espèce?

C'est ce que la science ne permet pas de savoir

avec certitude. Cela est, d'ailleurs, inutile pour le but que nous nous proposons.

Ce qu'il importe, en effet, de constater, c'est uniquement l'apparition successive d'une série de réalités nouvelles, lesquelles sont supérieures à celles qui existaient auparavant. Cela suffit pour notre argument. Nous n'avons en effet qu'à placer cette série croissante en face d'un principe rationnel d'une évidence absolue, le principe de causalité.

Selon ce principe, toute réalité qui commence d'exister doit être produite par une cause.

Un effet sans cause est rigoureusement impossible.

En outre, si nous cherchons le vrai sens, le sens complet du principe, nous reconnaissons que cette cause, nécessaire pour qu'une réalité commence, n'est pas un antécédent quelconque, ni même une simple condition à laquelle serait liée l'apparition de cette réalité.

La cause, la vraie cause, la cause efficiente, doit être proportionnée avec l'effet. Elle doit être supérieure à l'effet, ou tout au moins lui être équivalente.

Elle doit être proportionnée avec l'effet. Sans doute, il n'arrive pas toujours que la cause visible et apparente soit proportionnée avec l'effet. C'est qu'alors cette cause apparente n'est qu'une partie de la cause véritable.

Choisissons un exemple.

Un mécanicien tourne une petite roue, et immédiatement une lourde machine se met en marche. L'acte du mécanicien, le déplacement de la roue a été la condition du mouvement de la machine ; on peut dire qu'il en a été la cause déterminante. Mais la vraie cause, c'est la vapeur produite dans la chaudière par la chaleur du foyer.

Un graveur tire une série d'épreuves d'un dessin d'une grande finesse. Évidemment la cause de la production de ces épreuves n'est pas seulement la presse et l'ouvrier qui la met en mouvement, c'est aussi et principalement celui qui a gravé la plaque et celui qui a tracé le dessin original.

Ainsi en est-il partout.

Chaque être de la nature est doué d'une certaine puissance. Il ne peut pas dépasser sa puissance. Il ne peut faire, ni quant à l'intensité, ni quant à la perfection, des œuvres supérieures à ses forces et à son talent.

Quand une petite cause produit un grand effet, c'est que cette petite cause n'a fait que mettre en mouvement une cause plus puissante. Quand une cause grossière produit une œuvre délicate, c'est qu'elle a été dirigée par un être supérieur. La notion même de cause implique la proportion entre la cause et l'effet.

Mais il faut remarquer que cette proportion n'est pas réciproque. L'effet ne saurait dépasser la puissance de la cause, mais il peut rester au-dessous de cette puissance. La cause peut agir sans produire tout ce qu'elle pourrait produire. Elle peut rester au-dessous de la limite qu'elle ne peut pas dépasser.

Si cette cause agit, à la manière de la volonté humaine, par un choix libre, elle dispose elle-même de sa puissance, et n'en emploie que la portion qu'elle veut.

Si c'est une cause agissant à la manière des causes naturelles, selon une loi uniforme, son action peut être limitée, annulée, restreinte par certaines circonstances. Elle peut donc exercer une puissance variable, sans pouvoir dépasser sa puissance totale.

Une machine à vapeur pourra, entre les mains du mécanicien, soulever des fardeaux plus ou moins lourds et les soulever plus ou moins rapidement sans dépasser la limite de sa puissance.

Un élève peut, sous la direction d'un maître, accomplir des œuvres littéraires plus ou moins parfaites. Jamais il ne pourra dépasser la limite de son talent, mais il pourra rester au-dessous.

Aussi la proportionnalité nécessaire entre la cause et l'effet ne donne pas la mesure de la puissance totale de la cause ; elle n'indique qu'une limite minimum au-dessous de laquelle cette puissance ne peut descendre.

Cette proportion entre la cause et l'effet peut être exprimée d'une autre manière.

La puissance d'une cause dépend de sa nature. Aucun être ne peut donner plus qu'il ne possède. Aucun être ne peut faire surgir au dehors une réalité plus intense ni plus élevée dans l'échelle de l'excellence que ne l'est sa propre réalité.

En d'autres termes, la cause, pour être proportionnée avec l'effet, doit être supérieure à l'effet, ou tout au moins équivalente.

En d'autres termes encore, le moins ne saurait produire le plus.

Il répugne autant d'admettre le plus sortant du moins que de supposer l'être sortant du néant. L'absurdité est la même (1).

Mais s'il en est ainsi, si le principe de la proportionnalité entre la cause et l'effet et sa conséquence, à savoir, la supériorité de la cause sur l'effet, s'impose à la raison humaine, si c'est une vérité à laquelle elle ne peut échapper, si elle cherche toujours cette cause suffisante pour chaque effet, si cette recherche nécessaire est la vraie

---

(1) Voy. *le Positivisme et la science expérimentale*, 2ᵉ partie, livre II, ch. IV. (Delhome, libraire, rue de l'Abbaye.)

source de la science, comment ne voit-on pas qu'un système isolé, où il y aurait aux diverses époques des réalités nouvelles supérieures aux précédentes, ne saurait exister par lui-même? Comment ne voit-on pas qu'il faut pour un tel progrès une cause qui soit proportionnée avec l'ensemble du progrès, et avec son terme supérieur, et qui en même temps existe déjà à l'origine du progrès? Sans une telle cause, il y aurait nécessairement production du plus par le moins, ce qui est rigoureusement impossible.

Donc la cause de cette évolution progressive est un Être supérieur au monde, et supérieur à l'homme, un Être qui, étant la source de toute la beauté, de toute la force, de toute la perfection de l'univers, doit contenir, en même temps, une force, une beauté, une perfection qui soient supérieures à celles de tout ce qui existe.

Pour éviter d'arriver à cette conclusion nécessaire du principe de causalité, il n'y a qu'une seule réponse ayant une apparence de raison.

C'est celle qui consiste à dire que le monde contient en germe, à l'état latent, toutes les perfections qui se sont développées dans le cours des siècles.

Mais cette réponse est vaine pour bien des raisons.

En premier lieu, il n'est pas vrai que le monde

contienne en germe dès l'origine les perfections qui se manifesteront plus tard. La vie ne pouvait exister à aucun degré dans la nébuleuse primitive, dont la température était supérieure à celle qui détruit tous les germes. Les conditions de la vie ne se sont réalisées que tardivement.

La raison existait-elle en germe dans les plantes, dans les animaux inférieurs, dans le protoplasma vivant dont on prétend faire sortir tout le monde organique?

Rien ne le prouve, et cela est même impossible à concevoir.

D'autre part, quand même, par une hypothèse que rien ne justifie, on supposerait une sorte de préexistence germinale des êtres qui se sont manifestés plus tard, on ne serait pas plus avancé. Ces germes mystérieux auraient dû être déposés dans le monde par une cause productive. Ils ne sont pas contenus dans la matière. C'est vainement qu'on essaye de prétendre que toutes les molécules primitives étaient déjà vivantes. Soutenir cela, ce serait nier la distinction profonde, maintenue par tous les savants, entre le monde organique et le monde inorganique.

Puis, quand ces germes existeraient, leur développement serait encore un passage du moins au plus qui exigerait une cause. Une vie latente et en puissance ne peut devenir une vie en acte que par l'impulsion d'un être vivant lui-même. Ici il importe de ne pas confondre les données expérimentales avec les principes rationnels. L'expérience nous montre des êtres qui sortent de germes presque imperceptibles, des animaux et des végétaux qui croissent et développent des puissances cachées en eux; elle nous montre une multiplication indéfinie des êtres vivants qui sortent d'un seul couple. Le progrès est en apparence un progrès du moins au plus. C'est une série d'états dont les derniers sont supérieurs aux premiers.

Mais l'expérience ne nous dit pas comment se fait ce progrès. Elle ne nous en montre que la cause extérieure et apparente. Elle ne peut nous dire si par derrière ces causes extérieures et apparentes il n'y a pas une cause mystérieuse et cachée qui verse constamment la vie, la réalité et la perfection sur ces êtres qui croissent, de sorte que leur accroissement ne sorte pas du néant, mais d'une source cachée.

Ce que l'expérience ne peut nous dire, la raison nous l'affirme. Elle maintient son principe que le plus ne sort pas du moins, que la cause totale d'un effet lui est supérieure et le contient. Donc s'il y a réellement une réalité plus intense ou supérieure quant à l'excellence, c'est qu'il existe une cause supérieure, et si nous considérons l'ensemble de l'évolution, il doit y avoir à l'origine une cause qui soit supérieure à l'ensemble et qui le contienne tout entier.

On voit souvent l'eau monter dans les canaux qui lui sont ouverts, mais c'est parce que cette eau descend d'un bassin supérieur : jamais elle ne monte au-dessus de son niveau d'origine.

De même le progrès de l'univers à partir de la nébuleuse informe de Laplace ne peut s'expliquer que s'il existe une cause supérieure à l'univers entier, à son complet développement, de laquelle elle sort et vers laquelle elle retourne.

Ainsi quand la raison humaine contemple le monde expérimental, quand elle le considère dans son ensemble, dans ses lois, dans ses adaptations, dans ses principes et dans la hiérarchie des êtres qu'il contient, elle le trouve de toutes parts insuffisant.

De toutes parts, ce que l'expérience montre exige une cause invisible. Il faut une cause intelligente pour graver la pensée dans les lois du monde matériel, il en faut une pour imprimer au monde organique son caractère de finalité, il en faut une pour répandre l'énergie dans la matière inerte, il en faut une pour expliquer le progrès et la hiérarchie des êtres.

Si maintenant nous joignons à cette constatation de l'insuffisance du monde expérimental, au point de vue de la cause efficiente, celle d'une autre insuffisance que nous avons déjà antérieurement constatée, l'insuffisance au point de vue de la cause finale, si nous remarquons que l'homme, qui est le terme du progrès tel que l'expérience nous le montre, l'homme qui couronne le monde expérimental, ne peut vivre dans ce monde sans chercher nécessairement un monde supérieur, qu'il ne peut trouver qu'au-dessus de ce monde l'objet de ses désirs, la règle de ses actes, le complément de son être et la satisfaction de ses aspirations, ne devons-nous pas conclure que le principe et la fin du monde expérimental sont au-dessus de l'expérience, et que cela est démontré par la raison?

Ne devons-nous pas conclure que la raison s'élève à une cause unique, intelligente et libre, et que cette cause qui seule explique la loi, l'ordre et le progrès, est à la fois le principe et la fin de l'univers ?

Et dès lors ne voyons-nous pas se vérifier la grande parole de l'Église catholique que nous avons citée plus haut :

« La sainte Église, notre mère, tient et enseigne que Dieu, principe et fin de toutes choses, peut être connu avec certitude par la lumière naturelle de la raison, au moyen des choses créées. »

Tel est le premier résultat de nos recherches.

Nous devons néanmoins le compléter, en montrant comment la raison s'élève à la connaissance des principaux attributs de la cause suprême de l'univers.

V

Quel est donc cet Être mystérieux, caché derrière le rideau de la nature visible, dont la puissance et la sagesse se sont révélées à nous?

Déjà nous savons qu'il est unique et qu'il est une intelligence. Déjà la raison nous a forcé à rejeter parmi les rêves l'idée d'une cause aveugle et inconsciente, inférieure à tout ce qui existe. Le grand principe que nous avons mis en lumière, celui de la supériorité de la cause sur l'effet, suffit pour anéantir cette vaine imagination.

Mais cette Intelligence est-elle libre?

Procède-t-elle comme notre intelligence par un choix volontaire de certains moyens, prenant les uns, écartant les autres, et les disposant à son gré?

Ici, nous rencontrons en face de nous une opinion vulgaire, un préjugé d'une puissance redoutable. Le déterminisme règne en maître absolu sur les esprits de la majorité des philosophes contemporains. Sauf les spiritualistes et une partie de l'école néo-kantiste, tous considèrent comme une vérité certaine que tout est fatal dans l'univers, et que les événements se succèdent d'une manière invariable, chaque antécédent étant suivi toujours du même conséquent; Stuart Mill nous dit que si, par une rencontre rigoureusement possible, l'état de l'univers se retrouvait au bout d'un certain temps absolument semblable à ce qu'il a été une première fois, la série des événements se reproduirait identiquement et qu'il y aurait une série indéfinie de périodes semblables l'une à l'autre, à l'image des décimales périodiques qui sont en arithmétique l'équivalent des fractions irréductibles.

Cette idée de la fatalité universelle a été poétiquement dépeinte par Taine, dans un de ses premiers ouvrages. Il l'a appelée « l'indifférente, l'immobile, l'éternelle, la toute-puissante, la créatrice. Aucun nom ne l'épuise, ajoute-t-il, et quand se dévoile sa face sereine et sublime, il n'est point d'esprit d'homme qui ne ploie consterné d'admiration et d'horreur. » Bien des gens ont subi l'influence de cette conviction profonde que l'auteur, malgré ses changements d'opinion sur d'autres points, paraît avoir conservée jusqu'à la fin de sa vie (1). Taine a été un des chefs de la jeunesse de son temps ; il a inculqué le déterminisme à une multitude d'esprits. Nous retrouvons cette influence dans les lettres récemment publiées de Prévost-Paradol. On se demande comment la jeunesse libérale de cette époque, différente en cela de celle du temps de la Restauration, pouvait associer la passion de la liberté en politique avec la négation de la liberté en philosophie, et comment elle pensait que les sociétés humaines doivent se gouverner elles-mêmes, quand les individus qui les composent sont asservis à des mobiles irrésistibles.

Quoi qu'il en soit, il est encore de nos jours une foule d'esprits qui se considèrent comme engagés dans les engrenages d'une immense machine insensible et éternelle qui les broie sans se soucier d'eux, et dont rien ne peut arrêter ni même suspendre la marche invariable.

Mais nous ne devons pas nous laisser arrêter par ce préjugé, quelque puissant qu'il soit, et quelque sincères que puissent être ceux qui en sont imbus. Le droit et le devoir du philosophe est de

(1) *Conférences de Notre-Dame*, par Mgr d'Hulst, année 1893, note 9.

former ses convictions par l'usage de sa propre raison, sans se laisser arrêter par les croyances des autres esprits, lorsque ces croyances ne lui paraissent pas fondées. Or je ne crains pas de dire que Taine a vécu sous l'empire d'une immense et cruelle illusion, et que cette résurrection de la souveraineté mystérieuse du Destin, telle que la dépeignait Eschyle, n'est fondée sur aucune raison, je ne dis pas solide, mais seulement apparente et sérieusement discutable. De tous les fantômes qui hantent la pensée en notre siècle qui se croit délivré des superstitions, il n'en est aucun de plus vain, de plus chimérique en même temps que de plus cruel, que le déterminisme absolu.

La seule et unique raison expérimentale, en effet, que l'on puisse apporter en faveur de cette théorie, c'est que l'expérience nous montre le retour constant des mêmes phénomènes dans le même ordre. Mais notre expérience si limitée a-t-elle le droit de transformer la constance de l'ordre ainsi constatée en une nécessité absolue et universelle?

Dans les limites de notre expérience, les phénomènes se succèdent suivant des lois uniformes. Voilà le fait scientifiquement constaté, et encore nous laissons de côté la liberté humaine, sujet d'une vaste controverse, la liberté, dont le jeu si varié dans l'histoire se plie bien difficilement à des lois; nous ne parlons pas non plus des exceptions aux lois de la nature dont toutes les religions affirment l'existence, et dont un certain nombre sont attestées par des témoignages très puissants.

Mais de ce que le retour des faits est uniforme, il ne s'ensuit nullement qu'il soit nécessaire.

Un exemple très simple rendra cette distinction évidente.

S'il est quelque chose qui ressemble à cette fatalité absolue que l'antique mythologie et la philosophie contemporaine placent au sommet des choses, c'est certainement une de ces puissantes machines que notre industrie sait fabriquer. Supposez un très petit animal, une fourmi, qui aurait trouvé moyen de vivre quelque temps sur un navire dans la chambre de la machine, et qui verrait passer, pendant de longs jours et de longs mois, le piston avec son mouvement périodique; ce petit être ne devrait pas se croire en présence d'une force fatale et nécessaire, prête à le broyer s'il se mettait sur le passage d'un des organes qu'il meut. Ne serait-il pas, par rapport à cette machine, exactement dans la situation de l'homme en présence des lois de la nature. Constance absolue, inflexibilité, prévision certaine des effets, impossibilité de modifier une marche uniforme, tout serait pareil des deux côtés.

Et cependant est-ce que la machine n'a pas été construite librement par un ingénieur, qui a choisi ses matériaux, tracé le plan après avoir délibéré avec lui-même ou même avec d'autres hommes?

Est-ce que la machine n'est pas sous le gouvernement d'un mécanicien qui peut l'arrêter? De ce que cela n'est pas arrivé pendant plusieurs jours, peut-être même pendant le cours d'une traversée, a-t-on le droit de conclure que cela n'est jamais arrivé et n'arrivera jamais.

Donc, si l'on n'a d'autre motif pour croire au déterminisme absolu que la constatation du retour uniforme des mêmes phénomènes, la conclusion dépasse infiniment le principe dont on la tire.

L'uniformité peut provenir tout aussi facilement de la sagesse et de la puissance d'une cause libre que d'une fatalité aveugle.

Entre les deux hypothèses, l'expérience ne se prononce pas. Adopter sans motif celle de la fatalité, c'est poser arbitrairement un principe non démontré.

Pour établir que la loi du retour des mêmes faits est une loi nécessaire, il faudrait pouvoir montrer cette nécessité, la rendre évidente aux yeux de la raison. Or cela est impossible. Rien n'apparaît comme nécessaire dans les lois de la nature.

Est-il nécessaire que les corps se combinent sous telles proportions et non sous d'autres? Que telles combinaisons soient solides; telles autres, liquides ou gazeuses? Non, aucune de ces lois ne peut être prévue par l'intelligence humaine. Aucune ne peut être obtenue par déduction comme les vérités mathématiques. Si les lois sont ce qu'elles sont, c'est parce que les corps ont certaines propriétés.

Pourquoi ont-ils telles propriétés et non telles autres? Nous l'ignorons et nous ne pouvons pas dire si cela provient d'une nécessité ou du choix d'une cause libre.

On a essayé de déduire toutes les lois physiques et chimiques des principes de la mécanique et de tout expliquer par le choc des atomes. Mais jusqu'à présent ce système a paru insuffisant pour expliquer les phénomènes. Quand même, d'ailleurs, on réussirait à ramener ainsi la physique à la mécanique, la mécanique resterait à expliquer.

Les lois du choc des corps n'ont rien de nécessaire. Le choc provient de ce que deux atomes ne peuvent occuper le même lieu et que chacun arrête l'autre dans sa course. Cela même est-il nécessaire? Est-il impossible de concevoir un corps qui diminuerait de volume sous la pression d'un autre, et lui céderait la place sans se déplacer lui-même? En outre, si le corps choqué ne faisait qu'arrêter l'autre corps sans lui imprimer une vitesse relative opposée à celle qu'il possédait avant le choc, la force vive diminuerait dans l'univers, et bientôt le mouvement et, par suite, la chaleur, la lumière, l'électricité, disparaîtraient. Il faut donc, pour tout expliquer par le choc, supposer une élasticité dans les atomes, et cette élasticité n'est nullement nécessaire; elle ne résulte en aucune manière de leur étendue, de leur forme, de leur impénétrabilité. S'ils ont cette propriété, c'est qu'elle leur a été donnée.

Ainsi point de nécessité dans les lois, point de nécessité dans le lien qui unit chaque conséquent à son antécédent. Mais, quand même les lois seraient nécessaires, il faudrait encore un choix libre pour expliquer l'univers.

Que sont, en effet, les lois? De simples rapports. Après tel fait vient tel autre. Mais les termes du rapport, d'où viennent-ils? Pourquoi cet immense diversité d'êtres et de phénomènes? Pourquoi ce dessin si varié qui se glisse sous la trame immobile des lois naturelles? Qui dit nécessaire, dit identique, éternel, homogène. Ce qui est nécessaire est le même partout et à tout moment.

Cette universalité dans le temps et dans le lieu

appartient aux lois physiques; elle n'appartient pas aux phénomènes soumis à ces lois. Ceux-ci diffèrent suivant l'espace et le temps, ce qui exclut toute nécessité.

Si l'on suppose que le monde a commencé, si l'on prend comme origine la nébuleuse de Laplace, il faut une raison pour que la matière de cette nébuleuse ait été distribuée de telle ou telle manière dans l'espace, pour que la rotation ait eu lieu en tel ou tel sens, autour de tel axe, avec une telle vitesse. Cette raison ne saurait être une nécessité, car, à l'origine, tout est indifférent.

Et si l'on suppose que la succession des phénomènes remonte indéfiniment dans le passé, il faut encore une raison pour que la série qui existe soit telle, plutôt que telle autre, pour que ce soient tels corps qui se rencontrent et se combinent. Chaque moment de la série trouve son explication dans les lois et dans l'état antérieur, mais la série entière pourrait être autre qu'elle n'est pas. Elle n'est pas nécessaire. Son existence demande une explication. Or, on ne peut trouver cette explication que dans le choix d'une cause intelligente et libre. En dehors de la nécessité et du choix il n'y a rien. Le hasard n'est qu'un mot; ce n'est pas un principe premier; c'est une simple conséquence de la rencontre de causes indépendantes.

Donc, ou la variété de l'univers s'explique par un choix libre, ou elle existe sans raison.

Mais si quelque chose a existé sans raison à l'origine, tout peut exister sans raison.

Si une disposition fortuite des choses a pu exister autrefois, elle peut exister encore.

On ne conçoit pas que les phénomènes aient pu se produire autrefois sans raison suffisante, et qu'ensuite ils se soient disciplinés sous la règle de lois existantes et uniformes. Si vous ôtez le choix libre, il ne reste que la nécessité ou le hasard absolu. Et comme la nécessité ne saurait être partout, puisqu'elle ne saurait produire la variété, il faut que le hasard absolu soit quelque part.

Mais si le hasard absolu est quelque part, il peut se glisser partout, et les prévisions de la science sont incertaines.

Tout s'accorde, au contraire, lorsqu'on reconnaît dans la cause intelligente de l'univers la liberté du choix.

La variété des phénomènes et l'uniformité des lois procèdent alors d'une même source. La cause suprême dispose les éléments du monde suivant son plan préconçu; les éléments sont diversement répartis, d'après le choix libre de la cause; cette cause établit ensuite, selon la sagesse, des lois uniformes, et laisse marcher les phénomènes selon ces lois. Tout se passe, en un mot, dans cette œuvre du Créateur, d'une manière analogue à ce qui se passe dans les œuvres de l'homme. La variété et la régularité s'accordent de la même manière ; la variété résulte du choix libre ; l'uniformité, des propriétés des corps et de la disposition de l'appareil. La variété et l'uniformité sont également prévues et voulues par le constructeur ; elles sont réalisées par sa sagesse et sa puissance.

Qui ne voit que, placée en face de ce système si simple dont toutes les parties sont liées ensemble, l'hypothèse arbitraire du déterminisme absolu ne saurait subsister. Cette hypothèse n'est fondée sur aucun fait, et ne s'accorde pas avec elle-même.

En supprimant le choix libre à l'origine, on rend incompréhensible la stabilité même des lois qui gouvernent la nature.

Donc, la cause que la raison nous manifeste est unique, intelligente et libre. Elle connaît l'univers, elle en trace le plan, elle l'organise d'après ses libres desseins (1).

Sous ce rapport, elle ressemble à l'homme. Mais lui ressemble-t-elle sous d'autres rapports ? Se connaît-elle elle-même ? Est-elle juste ? Est-elle bonne ?

(1) Consulter sur cette question le livre intitulé : *La liberté*, par l'abbé PIAT. (Lethielleux.)

Possède-t-elle les perfections morales de l'humanité?

Ce sont de nouvelles questions que les principes que nous avons posés nous permettent aisément de résoudre.

VI

Ce n'est pas sur la connaissance du monde visible que nous pouvons nous fonder pour découvrir ce que nous pouvons appeler les attributs moraux de la Divinité.

Si le monde nous révèle une cause intelligente, et même une cause libre dans ses desseins, il nous dit peu de chose sur la justice et la bonté de cette cause. Le règne animal est soumis à une singulière loi de guerre et d'entre-destruction. La force y règne à la place de la justice; la Providence, qui gouverne ce monde, semble ne s'occuper que de la conservation des espèces, et ne pas s'intéresser au sort des individus.

Néanmoins l'examen attentif du règne animal paraît démontrer que presque partout, et surtout dans les circonstances où n'intervient pas la liberté humaine, la somme des jouissances dépasse celle des souffrances, laquelle est beaucoup diminuée par l'absence de la prévision de l'avenir. Cela indique la bonté de la cause première ; mais une bonté imparfaite : cela ne montre pas sa justice.

Les attributs moraux de la Divinité se manifestent-ils dans le gouvernement de la Providence sur l'humanité?

Nous ne pouvons traiter cette question sans sortir de notre cadre.

L'intervention de Dieu dans l'histoire de l'humanité, telle qu'elle est racontée dans la Bible, telle qu'elle est exposée par Bossuet, manifeste sa justice, sa bonté, sa fidélité à ses promesses. Mais en nous servant de cet argument, nous sortons du domaine de la philosophie. Le rôle de la philosophie est de prouver, comme nous espérons l'avoir fait, que cette intervention est possible, et que l'Auteur du monde, ayant tout disposé librement, selon sa sagesse, peut diriger les événements de manière à manifester sa bonté et sa justice. Qu'il l'ait fait réellement, ce n'est plus la philosophie, c'est l'histoire, et principalement l'histoire de la religion qui doit le prouver.

Mais il est une autre méthode suivant laquelle la raison peut prouver l'existence de ces perfections de Dieu, dont la ressemblance se trouve dans le cœur et la conscience des saints et des hommes vertueux.

Elle consiste à appliquer le grand principe dont nous nous sommes déjà servi, le principe de la supériorité nécessaire que la cause doit avoir sur son effet.

Nul doute, en effet, que l'homme tout entier, l'homme moral comme l'homme physique, l'homme avec toutes ses facultés et ses puissances, ne soit l'œuvre de cette cause supérieure, intelligente et libre, que la contemplation de la nature nous a révélée.

L'homme tient, en effet, au monde matériel; il est le dernier terme de la hiérarchie des êtres, dont les degrés successifs n'ont pu venir à l'existence que sous l'impulsion de cette cause.

Dès lors, tous les degrés de perfection qui se trouvent dans l'homme doivent se trouver dans la cause du monde : sans cela, cette cause donnerait ce qu'elle n'a pas. Sans cela le moins produirait le plus, ce qui contredirait le principe fondamental de causalité.

Le bon sens populaire saisit cette preuve, accessible aux esprits droits et aux cœurs sincères. Ne serait-ce pas un orgueil insensé pour l'homme de croire qu'il peut être bon et juste, et que l'auteur de son être n'aurait pas ses perfections?

Voici comment un des prophètes d'Israël exprime cet argument :

« Celui qui a fait l'œil peut-il être aveugle ? Celui qui a fait l'oreille peut-il être sourd ? »

Par le même raisonnement nous pouvons dire :

Celui qui a produit un être qui se connaît lui-même, peut-il être inconscient et s'ignorer lui-même ?

Celui qui a produit un être qui connaît et aime le bien et la justice, peut-il ne pas être un être juste ?

Celui qui a produit des êtres bons, miséricordieux, compatissants, peut-il être privé de ces attributs si touchants et si beaux ?

On raconte qu'une pauvre femme, tourmentée de doutes sur la bonté de Dieu, ayant rencontré saint François de Sales, s'écria : « Que Dieu doit être bon, puisque Mgr de Genève est si bon ! »

Raisonner ainsi, c'est tout simplement appliquer le grand principe que le moins ne saurait produire le plus.

Non, ce n'est pas sur la terre froide et aride du déterminisme que peuvent pousser les belles fleurs de la sainteté et les fruits précieux de l'amour, de la bonté et du sacrifice.

Ce n'est pas non plus une cause indifférente, un ingénieur sans conscience qui aurait pu donner à son œuvre une fécondité telle que ces sentiments moraux et ces œuvres sublimes et nobles aient pu germer et grandir en elle.

Non, ce qui est beau, ce qui est grand, ce qui est noble vient d'en haut, et la source de ces choses doit les contenir avec plus d'abondance que les ruisseaux qui en découlent.

Donc, nous devons attribuer à la cause première toutes les perfections que nous trouvons dans ses œuvres les plus élevées. Elle doit posséder éminemment la charité d'un Vincent de Paul, la mansuétude d'un François de Sales, le courage des martyrs, la sainteté, la bonté, la miséricorde de Jésus, qui a manifesté dans le monde la perfection vivante et exacte. C'est cette cause, en effet, qui a créé les hommes et les a rendus capables de ces vertus.

Ce qui confirme cette preuve et la rend invincible, ce sont les instincts si profonds du cœur humain qui le portent à chercher en haut, au-dessus de ce monde, un législateur, un juge, un vengeur des opprimés, et un père plein de miséricorde. Ces instincts, qui les a gravés, sinon l'auteur même du genre humain, qui ne peut être autre que l'auteur de la nature?

Si donc il n'était pas vraiment le principe de la justice, l'Être saint et bon, le Juge suprême, le Père miséricordieux, c'est qu'il aurait trompé les hommes en leur mettant au fond du cœur une espérance mensongère et une confiance illusoire.

Mais alors, ce serait donc un être trompeur, injuste, méchant ! Comment donc la justice, la vertu, la sainteté qui se trouvent sur la terre pourraient-elles sortir d'une telle cause ? Comment aurait-il forgé des cœurs fidèles, s'il était lui-même infidèle à ses promesses ? Ne nous butons-nous pas encore contre le même grand principe : Le plus ne sort pas du moins ?

N'est-ce pas encore une souveraine vérité que l'Évangile nous dit : « Cueille-t-on des grappes de raisin sur des ronces et des figues sur des buissons d'épines ? »

Donc, si l'on cherche la cause première de la vertu, de la sainteté, de la bonté qui existe dans l'humanité, soit actuelle, soit passée, on reconnaît que cette cause ne peut être qu'un Être saint, juste et bon, et si l'on cherche l'objet des aspirations légitimes du cœur humain, on trouve que c'est le même Être.

Ici encore la raison nous montre que le vrai Dieu, le Dieu bon, le Père céleste, est le principe et la fin de toutes choses.

Il est cependant possible, il est nécessaire même de monter plus haut encore.

Ces attributs divins, cette série de perfections

qui, étant dans l'effet, doivent être dans la cause, dans quelle mesure Dieu les possède-t-il?

Il est au-dessus de tout ce qui existe, puisqu'il est l'auteur de toutes choses. Mais est-il infini, est-il absolument parfait? Oui, répond la raison, il est infini, il est absolument parfait, parce qu'il est l'Être premier, parce que n'ayant au-dessus de lui aucun être dont il a reçu l'existence, il existe par lui-même, il est nécessaire, il a sa raison d'être à lui-même.

Or cette nécessité d'être doit impliquer une absolue perfection. Si l'Être nécessaire n'avait qu'une perfection limitée, il faudrait que cette limite fût posée par une cause supérieure à lui. Tout ce qui est imparfait, limité, variable, est par là même contingent. Seul l'Être infini, immuable, indépendant, peut être nécessaire. Il existe une échelle croissante et indéfinie des êtres possibles. Chaque degré déterminé d'excellence est compris entre des degrés inférieurs et des degrés supérieurs. Pour que tel degré existe à l'état réel plutôt que tel autre, il faut une raison suffisante, qui ne peut être que le choix libre de la cause première. Celle-ci ne peut donc pas avoir sa place dans l'échelle; elle est au-dessus de tout, puisque seule elle a en elle-même sa raison d'être, puisqu'en elle la raison d'exister et l'existence se confondent.

Elle est donc tout ce qu'elle peut être; c'est ce qu'exprime le terme infini.

Dès lors, nous devons porter à l'infini tous ces attributs que nous avons découverts en Dieu.

Nous devons considérer la cause première comme infiniment élevée au-dessus de tous les autres êtres, comme éminemment transcendante et d'un autre ordre qu'eux.

Et comme cette existence infinie, nécessaire, immuable, nous est incompréhensible, comme nous ne pouvons concevoir comment l'activité de la cause suprême s'accorde avec l'immutabilité de son être, nous devons ajouter un nouveau caractère à ceux que nous avons déjà reconnus.

Dieu est un être mystérieux et incompréhensible. Il n'est semblable à aucun être connu; il ne peut y avoir entre Lui et les autres êtres qu'une analogie, et non une similitude.

Il ne faut pas cependant confondre ce mystère de la nature divine avec l'obscurité complète. Dieu est mystérieux, mais il n'est pas inconnaissable. Les divers attributs que nous avons reconnus subsistent; ce sont des traits de lumière sortant de l'ombre qui voile sa nature intime.

Nous le connaissons assez bien, d'ailleurs, pour le distinguer de tous les autres êtres. Parfait et transcendant, il ne saurait être confondu avec le monde imparfait et contingent. Il lui est uni sans doute, il en est la cause qui est intime avec son effet, et qu'on peut appeler immanente, pourvu que ce mot n'exclue pas la distinction entre l'Être infini et les êtres finis, pourvu qu'il soit considéré comme leur cause et non comme leur substance.

Et si nous voulons savoir comment ces êtres sortent de leur cause, nous sommes encore en présence d'un mystère. Néanmoins, nous en savons assez pour choisir entre les productions que l'expérience nous présente, celle qui est analogue à la production de l'univers, et qui peut nous en donner l'idée la plus exacte.

Nous ne dirons pas que le monde sort de l'être nécessaire par le déterminisme fatal de la physique, selon les lois brutales et aveugles de la mécanique, ni qu'il en émane comme la toile grossière du ventre de l'araignée. Nous dirons qu'il est l'œuvre d'une volonté éclairée par l'intelligence, posant son objet en dehors d'elle-même avec la pleine liberté de l'alternative, avec la pleine indépendance de son acte et l'absolue domination, la souveraineté sans restriction et sans réserve sur une œuvre qui tient d'elle tout son être et qui lui appartient entièrement. C'est ce qu'exigent la perfection, la simplicité et l'indépendance de l'être qui existe par lui-même.

Arrivée à ce point, la métaphysique rencontre le sentiment religieux universel dans l'humanité. Les raisonnements abstraits, fondés sur l'idée de cause, sur l'impossibilité d'admettre que le moins produit le plus, sur l'opposition entre la nécessité et la contingence, nous conduisent à l'idée d'un être intelligent, libre, juste, bon et infiniment parfait, transcendant et mystérieux.

Mais l'âme humaine atteint le même être par une autre voie. Sa partie profonde et intime sent obscurément et perçoit d'une manière confuse les attributs mystérieux de l'Être infini. Il y a un cri de l'âme qui s'élève vers le Tout-Puissant, vers l'Être parfait et sans défaillance, vers la source vivante de toute réalité, de tout bien et de toute beauté. Il y a une foi instinctive à cette réalité de la perfection qui est plus forte dans les cœurs droits que tous les raisonnements de la métaphysique.

C'est cette idée confuse, mal exprimée par le langage, mais réelle et distincte en elle-même, qui sert de guide au philosophe dans le raisonnement qui s'élève jusqu'à Dieu. Il ne fait que relier ensemble les notions claires du bon sens avec la métaphysique profonde et instinctive de la nature humaine.

Sans cet appui du cœur et de la conscience, il

y aurait témérité à s'élever à de telles hauteurs et à se fier à la raison quand elle ne peut que balbutier les attributs d'un Être qui la dépasse. Mais ce que fait la raison, c'est de traduire en un langage précis et abstrait la grande idée de Dieu, gravée au fond du cœur des hommes.

Aussi, chose merveilleuse et preuve certaine que le raisonnement n'était pas abandonné à lui-même et isolé, cette notion si haute, le dernier terme de nos investigations, cette cause suprême dont dépendent toutes les causes, est connue facilement par tous les hommes, même les plus simples. Elle est plus facile à connaître que les causes intermédiaires, et la droiture du cœur conduit plus sûrement à la discerner et à l'adorer que la subtilité de la raison. Ainsi, ces sommets couverts de neiges éternelles qui dominent comme des rois les pics qui les entourent sont aisément aperçus des habitants des plaines et des vallées, et ce sont ceux qui cherchent à les gravir qui les perdent le plus facilement de vue et risquent le plus de s'égarer (I).

(I) Voy. *le Positivisme et la science expérimentale*, 2ᵉ partie, livre II, chap. v. Les derniers paragraphes de cette section sont extraits de ce chapitre.

VII

Nous sommes arrivés au terme vers lequel nous marchions. Nous avons gravi la pente qui conduit à la haute et sublime idée du vrai Dieu.

Si, de ce sommet, nous regardons l'univers, voici comment la doctrine ainsi démontrée répond aux problèmes que la contemplation du monde a soulevés dans notre esprit; voici les questions que cette doctrine résout :

Pourquoi y a-t-il dans l'univers des lois intelligibles qui sont de vraies pensées?

Parce que l'univers est l'œuvre d'une Intelligence.

Pourquoi voyons-nous dans le monde une finalité si évidente ?

Parce que l'univers a été organisé par une cause qui prévoit l'avenir.

D'où vient la variété des phénomènes?

Du choix libre de la cause première.

D'où vient le progrès des êtres, cette grande évolution qui fait paraître les derniers des êtres les plus parfaits?

Elle vient d'une cause plus parfaite et plus

puissante que tous ces êtres, qui donne à ce progrès l'impulsion et la direction.

Pourquoi, dans l'homme, le plus élevé des êtres de cette série, voyons-nous se manifester les perfections morales, la justice, l'amour du bien, la beauté ?

Parce que ces perfections découlent des attributs de la cause suprême.

Pourquoi le cœur humain a-t-il des aspirations que le monde expérimental ne saurait satisfaire ?

Parce que Dieu, être transcendant, est à la fois le principe et la fin de l'univers, et qu'il est naturel que les êtres aspirent à leur fin.

Pourquoi ce monde existe-t-il ?

Parce que l'Être tout puissant l'a voulu dans la plénitude de sa liberté.

Pourquoi enfin un tel Être tout-puissant existe-t-il ?

Parce qu'il est l'Être nécessaire. Étant parfait et infini, il peut exister par lui-même ; s'il était imparfait et limité, cela serait impossible : la limite de son être serait sans raison suffisante.

Que de lumières dans ces solutions, toutes fondées sur les principes de la raison !

Que de ténèbres, au contraire, dans les autres solutions imaginées par les hommes, dans celle surtout qui est en notre siècle la doctrine commune de tous ceux qui ne croient pas au Dieu chrétien, le panthéisme évolutionniste, le Dieu immanent et progressif!

À ces mêmes questions, cette doctrine ne répond rien, ou fournit des réponses que la raison rejette.

La pensée qui existe dans l'univers n'est pas, suivant les hégéliens, la pensée d'un être pensant, c'est une pensée abstraite et vide qui équivaut au néant.

Le présent est déterminé par l'avenir, mais cet avenir n'est pas prévu.

La finalité est inconsciente, c'est-à-dire sans cause.

Le progrès se produit du moins au plus, le plus sortant du moins, sans cause supérieure, comme si l'être pouvait sortir du néant.

La variété est produite par nécessité ou par le hasard, le choix étant exclu.

Les perfections morales de l'humanité sortent, sans cause supérieure, d'un monde où règne la mécanique.

Enfin le monde tout entier doit être considéré comme nécessaire, quoiqu'il soit imparfait et progressif, ce qui implique contradiction, ce qui est nécessaire devant être immuable.

Maintenant, nous devons convenir que la doctrine du Dieu transcendant et parfait qui éclaire d'une si vive lumière les problèmes relatifs à l'origine du monde, pose à son tour de nouveaux problèmes qu'elle ne résout pas, et que sa lumière sort d'une source obscure et mystérieuse.

Il y a d'abord le problème de l'Être infini. Comment ses attributs se concilient-ils entre eux? Comment un Être si différent de ceux que nous connaissons peut-il exister?

Puis viennent les desseins mystérieux de cet Être.

Pourquoi étant parfaitement heureux est-il sorti de son repos pour créer le monde? Pourquoi, étant infiniment bon et tout-puissant, a-t-il laissé dans son œuvre tant de mal et tant de souffrances?

Il n'y a pas de réponse à ces questions. Mais la raison est satisfaite d'une autre manière, car elle sait qu'il ne doit pas y avoir de réponse. Il s'agit en effet de ce qui dépasse la raison humaine. En s'élevant jusqu'à l'Être infini, en démontrant son existence, la raison atteint la limite de son domaine.

On ne pénètre pas à l'intérieur de l'Infini, on ne traverse pas l'Infini, pour découvrir ses desseins et les apprécier.

On peut s'élever du monde jusqu'à Dieu ; on ne peut pas entrer dans les conseils de Dieu, pour juger le plan de l'univers qu'il a créé.

Donc, si la doctrine que nous avons exposée ne répond pas à toutes les questions que la raison pose, elle donne un motif raisonnable de son impuissance. La raison, quand elle suit cette route, arrive aux bornes de son empire et doit se résigner à l'ignorance de ce qu'elle ne peut ni découvrir ni démontrer.

Mais, s'il est raisonnable de s'arrêter après être monté si haut, cela n'est pas facile ; cela est pénible à l'orgueil ; les problèmes non résolus pèsent sur l'esprit humain ; les résoudre est une perpétuelle tentation ; c'est le fruit défendu constamment présent à la curiosité de l'homme. Aussi ne devons-nous pas être étonnés que cette doctrine, quelque belle et certaine qu'elle soit, quand elle reste isolée et sans l'appui d'une révélation, ne suffise pas pratiquement à l'humanité et ne se maintienne pas d'une manière stable parmi les hommes.

Cet Être mystérieux et insondable nous attire sans doute, mais en même temps il nous épouvante. C'est une satisfaction pour la raison de connaître la cause de l'univers, mais la raison voudrait aller plus loin, elle voudrait pénétrer dans la nature intime de cette cause, elle voudrait scruter ses desseins, et, de toutes parts, le mystère l'enveloppe.

Nous ne comprenons ni le comment de l'existence de Dieu, ni le pourquoi de ses desseins, ni surtout le pourquoi du mal et de la souffrance qui existent dans l'œuvre d'un Être infiniment bon.

Aussi, après avoir monté à cette hauteur, l'âme humaine s'y sent mal à l'aise. Vainement elle contemple l'univers et le voit sortir de sa source divine, elle n'est pas satisfaite. Si au-dessous d'elle il y a de la clarté, au-dessus il y a des nuages, et le sommet où elle est parvenue lui semble inhabitable, il paraît entouré de précipices qui donnent le vertige.

Aussi, après avoir cherché et trouvé le vrai Dieu, le Dieu parfait, les hommes sont portés à le fuir.

« Fais-nous des dieux visibles qui marchent devant nous », disaient les Israélites à Moïse descendant du Sinaï. Ils préféraient les idoles au Dieu invisible enveloppé de nuages. La philosophie moderne fait de même. Elle délaisse le Dieu créateur, la cause transcendante et sublime de l'univers, elle le remplace par de vaines abstractions ou par le monde divinisé; elle présente à l'adoration des hommes, à la place du vrai Dieu, ou bien un Dieu purement idéal et abstrait, création de la pensée humaine, ou bien l'ensemble des êtres imparfaits, variables et contingents. Elle descend des hautes régions pour ne contempler que des idées creuses ou de vaines images. Elle détruit elle-même les raisonnements qui la conduisaient aux hauts sommets ; elle sape par la base l'édifice qu'elle construisait. Elle tombe du théisme au panthéisme, du panthéisme à l'athéisme et finit par rouler de nouveau jusqu'au fond de cette prison basse et étroite du positivisme dont un effort énergique l'avait fait sortir.

C'est qu'il faut à la raison humaine, non pour démontrer ni même pour découvrir, mais pour conserver pure, pour défendre et pour enseigner à la masse des hommes l'idée du vrai Dieu, un secours supérieur.

Ce secours, nous le connaissons déjà, c'est la révélation chrétienne. Il y a, sur cette montagne que nous avons gravie, à côté de ces nuages et de ces précipices qui nous effrayent, une région lumineuse, une vallée abritée, un jardin clos, plein de fleurs odoriférantes, un lieu habité par des multitudes qui vivent en paix, en chantant d'harmonieux cantiques. Nous connaissons cette région ; c'est sa beauté, vue de loin, qui nous a attirés. L'Église, avec sa transcendance sublime, nous est apparue au cours de nos recherches précédentes. Nous savons qu'elle possède la certitude. C'est après l'avoir rencontrée, c'est pour obéir à sa voix que nous avons commencé ces âpres recherches. Maintenant qu'elles sont terminées, nous allons montrer que le Dieu de la raison est celui qui a parlé par la bouche des prophètes, que la parole divine qui a créé l'univers ne fait qu'un avec Jésus que nous avons adoré dans les humiliations du Calvaire et dans la gloire de sa résurrection. Nous avons à montrer le terme commun où se rencontrent les deux voies de l'examen et de l'autorité, comment le christianisme affermit et complète le théisme philosophique, et comment cette union opère la pleine délivrance des âmes captives, en brisant les liens en apparence indissolubles par lesquels le positivisme a enchaîné la raison et la conscience de nos contemporains. Ce sera l'objet de la dernière partie de ce travail.

CHAPITRE V

LE TERME COMMUN DES DEUX ROUTES

Il est temps de tirer, des études que nous avons entreprises sur le mouvement actuel de réaction contre le positivisme, une conclusion définitive.

Pour cela il sera utile de revenir sur ce qui a été le point de départ de ces études, c'est-à-dire sur l'insuffisance radicale de la doctrine positiviste, et de chercher à définir avec précision en quoi cette insuffisance consiste, quelle est la donnée essentielle et principale, venant du monde supra-sensible, que le positivisme élimine, qu'il ne peut remplacer par aucun équivalent, et dont cependant l'humanité ne peut aucunement se passer.

Cet élément nécessaire, c'est une règle morale venant d'en haut, c'est-à-dire appuyée sur des principes non dérivés de l'observation du monde expérimental, étrangers aux sciences mathématiques, physiques et naturelles, et cependant fondés en raison.

Sans doute, l'absence d'une telle règle n'est pas la seule lacune du monde purement expérimental.

C'est d'en haut seulement que peut descendre l'idéal qui transfigure la réalité et que le génie de l'artiste fait apparaître sous des signes matériels. C'est en haut seulement que se peut trouver cet objet d'amour suprême que cherche le cœur humain. Enfin, ce n'est pas l'expérience qui fournit la réponse à cette solennelle question : Que devient l'homme après la mort?

Néanmoins, si le monde expérimental fournissait aux hommes une règle pour leur conduite présente, si les idées de devoir, d'intérêt privé, de dévouement, les sentiments et les passions pouvaient être mis en harmonie d'une manière rationnelle; si chacun voyait sa voie tracée devant lui, l'humanité se résignerait peut-être, bien qu'avec regret, à la privation des biens supérieurs que les religions lui promettent.

Mais ce sont précisément ces règles de conduite qui, fixées par la tradition dans les sociétés antiques, gravées, sous la forme de principes indiscutables et indiscutés ou de préjugés invincibles, chez la masse des hommes, disparaissent sans retour sous les attaques de la critique, quand tout lien est coupé avec un monde supérieur, quand le devoir n'est plus qu'une notion subjective, quand il ne se rattache pas à un principe de justice réel et vivant, quand on croit que les actions de l'homme n'ont aucun retentissement en dehors du monde physique et de la vie présente.

Les docteurs de l'école moderne ont senti cette conséquence de leur théorie : ils se sont efforcés de rétablir la morale sur des bases scientifiques. Mais leurs tentatives ont échoué ; elles sont aussi chimériques que les essais de produire le mouvement perpétuel dans une machine qui accomplit un travail, ou de déplacer un système de corps sans prendre son point d'appui en dehors du système.

I

La plus simple, la plus élémentaire de ces morales est celle de Bentham, celle qui ne donne à l'homme d'autre règle de conduite que la recherche de son intérêt bien entendu.

C'est en vain que les défenseurs de cette théorie ont essayé d'en faire sortir les préceptes vulgaires de la morale. L'intérêt, quand il n'y a ni Dieu, ni vie future, ni principe transcendant quelconque, c'est évidemment de chercher la jouissance et la richesse par tous les moyens; c'est d'user et d'abuser de la force.

Il est vrai qu'une fois la société constituée sur les bases de la famille, de la propriété et de l'idée de justice, le véritable intérêt des individus se trouve souvent dans le respect de ces institutions et de ces principes, et que, sous la pression de cette organisation sociale, les intérêts privés entrent en accord et s'unissent, chacun travaillant au bien général, en même temps qu'il travaille pour lui-même.

Mais cette organisation elle-même, est-ce l'intérêt seul qui l'a fondée? Est-ce l'intérêt qui porte les forts à respecter les faibles, le grand nombre qui travaille et qui souffre à obéir à un petit nombre de privilégiés? Non, il faut à cette organisation une autre origine, soit une origine supérieure, philosophique ou religieuse, soit une origine traditionnelle. Et dès que cette organisation sociale est soumise aux attaques de la critique, elle ne peut être défendue qu'en revenant à des principes étrangers aux doctrines positivistes.

S'il fallait admettre comme une certitude scientifique la théorie de Darwin sur la concurrence vitale, l'intérêt de la société consisterait précisément dans le triomphe des forts et dans l'asservissement ou même la destruction des faibles.

L'intérêt privé des faibles serait donc directement contraire à l'intérêt général de la société : donc, en suivant leur intérêt, les faibles devraient s'unir contre la société pour s'efforcer de la détruire.

Du reste, la théorie qui ramène la morale à l'intérêt a paru si insuffisante qu'on a cherché de nos jours à lui substituer une théorie directement opposée : celle qui consiste à faire du sacrifice de son propre intérêt à celui d'autrui, du triomphe de l'*altruisme* sur l'égoïsme, la règle des actions de l'homme.

Mais ici encore, quelle règle incertaine ! Pour qui faut-il se sacrifier ? Est-ce pour ses parents et amis ? Est-ce pour sa patrie ? Est-ce pour l'humanité entière ? Faut-il sacrifier la patrie à l'humanité, ou l'humanité à l'égoïsme national ? Serait-ce envers l'ensemble des êtres vivants qu'il faudrait exercer la charité aux dépens de soi-même, comme l'ont voulu les sages de l'Inde qui offraient leur corps en pâture aux bêtes féroces ?

Si le sacrifice de soi-même était la seule loi, il devrait s'étendre à tout ; il devrait être permis, obligatoire même, de sacrifier son honneur et sa conscience à la passion d'autrui.

Enfin, quel péril dans le sacrifice de sa vie et de soi-même quand il n'est pas accompli suivant une règle morale ! Ne serait-ce pas l'excuse de tous les fanatismes, du fanatisme religieux comme du fanatisme politique et social?

Ne voyons-nous pas sous nos yeux jusqu'où conduit cette dernière espèce de fanatisme, et quel danger font courir à la société ceux qui ont fait d'avance le sacrifice de leur vie pour une idée chimérique ou coupable? Quand l'homme cesse d'obéir à l'attrait d'une passion égoïste, il tombe ordinairement sous l'empire d'une idée; les idées sont des forces qu'une autorité morale peut seule combattre et contenir. Les docteurs du positivisme ont cru établir le règne des faits et se débarrasser des idées; l'expérience prouve qu'ils se sont trompés. Ils ne détruisent pas les idées, ils ne détruisent que l'autorité qui pourrait leur servir de frein. Qui maintenant gouvernera ces idées? qui posera la limite entre les deux principes d'action : l'égoïsme et l'altruisme? Qui dira à l'homme quand et pour qui ou pour quelle idée il faut se sacrifier, quels sont, au contraire, les biens qui lui sont personnels, auxquels il ne peut légitimement renoncer?

Ce sera, dira-t-on, la conscience de chacun.

Rien de plus vrai en soi, rien de plus vrai même en pratique, car, nonobstant les doctrines négatives, tout homme entend la voix de sa conscience. Mais c'est précisément cette autorité de la conscience qui, subsistant en principe, est battue en brèche par la théorie positiviste. Dans un système qui ramène tout à l'expérience, la conscience n'est qu'un fait empirique, un résultat de l'éducation et de l'hérédité, une idée-force qui n'a pas plus de valeur qu'une autre, qui n'a aucunement le droit de contrôler ni de contenir les autres idées; c'est une apparence d'obligation à laquelle ne correspond rien de réel ni d'absolu. Ce n'est qu'un préjugé plus fort et plus indestructible que les autres.

N'étant pas la parole d'un principe juste, n'étant même pas un élément essentiel de la nature humaine, puisque la nature humaine elle-même n'est que le résultat accidentel de l'évolution, la conscience n'existe pas en droit dans la théorie positiviste, et si elle existe en fait, malgré la théorie, elle n'est qu'un principe aveugle et sans autorité, une superstition plus tenace que les autres et que la critique n'a pas pu détruire.

N'est-ce pas d'ailleurs la conscience, quand elle n'est pas soumise à une règle fondée en raison, qui sert d'excuse et de prétexte à tous les fanatismes? C'est quand les idées fausses ont pris la forme de devoirs qu'elles sont le plus dangereuses.

Selon d'autres philosophes, c'est la dignité humaine qu'il faut considérer comme règle des actions. Cette règle est encore bien incertaine. En outre si la nature humaine n'est qu'une partie, un degré de la nature animale, un résultat accidentel, une branche poussant par hasard sur le tronc de l'animalité, pourquoi a-t-elle droit à être respectée, et pourquoi devrait-on sacrifier des intérêts ou des attraits à sa prétendue dignité ?

Ces solutions sont vaines. Pour diriger la vie humaine, pour établir l'harmonie entre ses tendances, il faut tout autre chose, il faut un principe supérieur, un maître, une loi qui s'impose d'en haut.

En l'absence d'une telle règle, l'homme vit au hasard. Seul de tous les êtres de la création, il agit par caprice et sans règle, obéissant tantôt à la passion aveugle, tantôt à la prudence, tantôt à l'amour de lui-même, tantôt à l'amour d'autrui, disposant arbitrairement et sans motif de ses facultés et de ses organes, de sa vie et de la vie des autres.

Du moment qu'il est démontré, par l'échec de toutes les théories de morale sans religion et sans métaphysique, qu'aucune règle morale ne peut être fondée sur les principes positivistes, il suit que le positivisme produit nécessairement l'anarchie dans les idées morales et un irrémédiable désordre dans les actions humaines, le peu d'ordre qui subsiste provenant des principes supérieurs conservés par la tradition.

Dans un livre récent, un écrivain plein de talent, M. Maurice Blondel, a étudié sous ses différentes faces le problème de l'*action humaine*, et a montré que ce problème se pose nécessairement, qu'il ne peut être écarté, et qu'il ne trouve sa solution que dans la doctrine chrétienne. Il emploie pour cela une méthode toute personnelle, qui ne manque pas d'une certaine puissance, qui ouvre de nombreux et brillants aperçus, mais qui demande, pour être comprise, une connaissance peu commune des théories obscures et énigmatiques qui règnent à l'École normale depuis un quart de siècle. Nous espérons arriver à la même conclusion par une méthode plus simple.

Après avoir constaté ce besoin profond d'une règle morale venant d'en haut, nous allons chercher à quelles conditions cette règle peut être établie.

II

Il importe, avant de commencer cette recherche, de bien distinguer deux états de l'humanité, celui qui précède et celui qui suit le développement et la propagation des doctrines négatives, de l'athéisme ou du scepticisme positiviste.

Tant que ces doctrines ne se sont pas manifestées dans une société, et même tant que leur influence est restée limitée et restreinte, il existe dans cette société un ensemble de règles morales. Chacun reçoit par éducation et par tradition la connaissance de certains principes de conduite.

Parmi ces règles diverses, il y en a de plus ou moins parfaites qui font tendre l'homme et la société vers un idéal plus ou moins élevé.

Ces règles morales ne sont point toutes justifiées aux yeux de la raison; mais elles existent, elles produisent leur effet. L'homme les trouve existantes au-dessus de lui dès que la raison et sa conscience s'éveillent. Lors même qu'il aperçoit qu'elles sont plus ou moins mal fondées, il ne se croit pas pour cela libre de leur substituer son caprice.

Il sent le besoin d'une règle, il la trouve, il la suit. Par elle-même, par son propre poids, la tradition s'impose. Ainsi vivent les sociétés humaines; ainsi s'y maintient un certain ordre; ainsi se produisent sous l'influence d'une conscience plus ou moins erronée, mais sincère, des actes de vertu, des actes parfois sublimes et héroïques; ainsi le vice et le crime subissent de la part des honnêtes gens une réprobation qui en détruit le scandale.

Mais si l'on suppose que les doctrines négatives aient profondément ravagé les intelligences, que leur empire se soit étendu sur toutes les classes d'une société, depuis les hommes qui professent les hautes sciences jusqu'à ceux qui gagnent leur vie par un travail manuel, que la négation ait pénétré dans les esprits par l'effet d'un enseignement public soi-disant neutre, mais réellement négatif, comment, dans une telle société, une règle morale pourra-t-elle être rétablie ?

Évidemment ce ne peut être que si cette règle morale est pleinement justifiée par la raison, si les principes qui lui servent d'appui sont susceptibles d'une démonstration solide, s'il peut être prouvé qu'il est raisonnable d'accepter une telle règle et de lui obéir.

Tant que la tradition subsiste, on lui obéit plus ou moins aveuglément. Quand elle est détruite ou interrompue, on ne peut plus parler et agir qu'au nom de la raison.

Un édifice vermoulu ou établi sur un terrain peu stable peut subsister longtemps sans s'écrouler, parce qu'aucune cause extérieure ne l'ébranle au point de le renverser. Mais quand on bâtit à neuf, ou qu'on veut relever un édifice dont il ne reste que des ruines, il faut nécessairement employer des matériaux solides, et creuser les fondations de manière à assurer la solidité de la construction.

Or nous sommes malheureusement, en France, dans la situation que je viens de décrire; les doctrines négatives ont pénétré de toutes parts le corps social. Ce triste état s'aggrave chaque jour sous l'influence de l'éducation antireligieuse. Chaque année les écoles répandent dans la société une génération sans foi et sans principes rationnels de morale. Il y a donc urgence, si l'on veut combattre ces effets funestes du positivisme, de reconstruire à nouveau la règle morale sur des fondements rationnels certains.

Ici se présentent à nous les deux objections dont nous avons essayé d'apprécier la force, celle tirée de la diversité des religions, et celle qui se fonde sur les incertitudes et les contradictions de la philosophie. Si ces objections étaient invincibles, le mal que nous venons de décrire serait irréparable. Les règles morales traditionnelles seraient en train de disparaître, et l'essai de créer une règle morale rationnelle serait chimérique.

Mais nous avons montré que ces objections ne sont pas invincibles. Nous avons montré que l'étude loyale de l'histoire des religions, bien loin de prouver qu'elles sont toutes subjectives et sans autorité, conduit au contraire l'homme impartial et consciencieux à constater la transcendance du christianisme et à reconnaitre en la personne de Jésus-Christ un maître qu'il est raisonnable et sage d'écouter. Nous avons montré également que la saine raison n'est point atteinte de l'infirmité que lui attribuent les sceptiques, qu'elle s'élève par une démonstration rigoureuse jusqu'au principe supérieur de la morale, principe vivant, libre et parfait, qui parle aux hommes par leur conscience, et qui, en raison de sa liberté souveraine, peut aussi leur parler par une révélation extérieure.

Dans l'une comme dans l'autre démonstration, nous nous sommes appuyé sur la raison. C'est elle qui a reconnu la transcendance d'abord, ensuite la vérité objective du christianisme ; c'est elle qui a démontré l'existence et les attributs du Dieu créateur.

Il y a donc un *au-delà,* une région supérieure que nous pouvons appeler la région d'en haut. Nos pères, qui croyaient à cet au-delà, n'étaient point dans l'erreur ; ce sont les docteurs modernes qui séduisent et égarent l'humanité.

Il nous reste à montrer avec plus de précision comment, de l'union de ces deux principes supérieurs, l'autorité divine de l'Évangile et l'existence du vrai Dieu prouvée par la raison, sort cette règle morale si nécessaire et si désirée.

III

C'est sur les deux principes, naturel et surnaturel, rationnel et chrétien, unis ensemble, que s'appuie la règle pratique que nous cherchons. Séparés l'un de l'autre, ils n'auraient pas une puissance suffisante. Ce premier point est important et mérite d'être clairement expliqué.

Du côté du christianisme, la nécessité de cette union est évidente. Il est par sa nature même inséparable de la philosophie spiritualiste. Il repose sur la notion du Dieu parfait, juste et libre, et sur la certitude de l'existence de l'Être auquel appartiennent ses attributs.

Le christianisme, en effet, prétend être une révélation divine surnaturelle, c'est-à-dire une communication librement adressée aux hommes par un Être parfait et, à ce titre, souverainement véridique. La perfection et la liberté de l'Être suprême entrent donc dans l'essence même du christianisme. C'est parce que le christianisme est tel qu'il a un caractère absolu qui le distingue des autres religions. Celles-ci peuvent s'accorder avec le panthéisme ; elles ne peuvent ne prétendre qu'à être des manifestations diverses et imparfaites, sous forme symbolique, d'un Être mystérieux. Le christianisme prétend à être la parole même de cet Être, s'imposant à la croyance au nom de sa perfection absolue.

Cette union nécessaire avec le théisme absolu, avec l'idée d'un Dieu transcendant, parfait, libre et créateur, est la force logique du christianisme : elle donne à la doctrine chrétienne une cohésion et une solidité invincibles. Séparez le christianisme de cette philosophie précise, de cette doctrine sur le Dieu créateur qui a été enseignée par les prophètes d'Israël, il retombera par le fait même au rang des autres religions, il perdra sa transcendance, et l'objection tirée de la diversité des croyances religieuses reprendra contre lui toute sa force.

Sans doute il ne faut pas croire que les chrétiens doivent tous suivre, pour s'élever à l'idée du vrai Dieu, la voie de l'examen que nous avons tracée. Le petit nombre seulement peut suivre cette route. La masse reçoit la partie métaphysique et accessible à la raison de la doctrine chrétienne, aussi bien que la partie mystérieuse, par la voie de l'autorité. L'existence et les attributs de Dieu sont enseignés par le catéchisme chrétien en même temps que les dogmes de la Trinité et de l'Incarnation. Néanmoins, quand la raison de l'enfant ou même du chrétien qui n'a pas étudié la philosophie reçoit ce double enseignement, l'impression produite par l'une et l'autre partie de la doctrine n'est pas la même. La partie mystérieuse est reçue par la pure foi. C'est l'acceptation d'une parole obscure, à cause de l'autorité divine de celui qui l'enseigne. La partie accessible à la raison pénètre dans l'intelligence, et la force des preuves se manifeste avec évidence, de sorte qu'instruit par l'Église, le croyant devient par le fait même philosophe dans une certaine mesure. Sa raison n'a pas découvert la vérité, mais elle la reconnaît, la constate et la fait sienne. C'est, du reste, ce qui arrive dans l'étude des autres sciences. Peu de gens seraient capables de créer à nouveau, comme l'a, dit-on, fait Pascal, le premier livre d'Euclide. Cependant, c'est à cause de l'évidence de la démonstration, et non à cause de l'autorité de leur maître, que les élèves admettent les vérités géométriques. Ainsi, bien que reçue par autorité, la doctrine théiste, l'idée du Dieu parfait, libre et créateur, devient pour les chrétiens une vérité démontrée et acceptée au nom de la raison. Il y a donc union étroite et nécessaire entre le christianisme et cette haute philosophie.

Sans elle, le christianisme ne saurait subsister. Un christianisme assez vague pour s'adapter à une doctrine panthéiste, idéaliste ou déterministe, ne serait plus le vrai christianisme ; ce serait une religion purement sentimentale ; ce serait, comme l'a dit Renan, le parfum qui subsiste encore quelque temps quand le vase est brisé. Si c'est là ce que certains docteurs modernes appellent le christianisme intérieur, c'est la plus dangereuse des chimères. Le principe premier de la doctrine chrétienne est la foi au Père céleste ; essayer de garder la conséquence en sacrifiant le principe, c'est illusion ou mensonge.

Maintenant la philosophie spiritualiste, la doctrine théiste peut-elle subsister et peut-elle donner à l'humanité la règle morale dont elle a besoin, en restant séparée du christianisme ?

En théorie et en principe, le théisme peut exister, avec une connaissance suffisamment précise des attributs du Dieu créateur, sans être uni au christianisme. La démonstration que nous avons donnée est purement philosophique et n'emprunte rien aux faits évangéliques.

De plus, selon la doctrine catholique, la révélation chrétienne est un acte libre du Créateur. Elle est un don gratuit, auquel l'homme n'a aucun droit. Dieu aurait donc pu ne pas donner à l'homme une révélation, et ne pas l'appeler à une destinée surnaturelle. Dieu, cependant, serait toujours resté le même, avec les mêmes attributs. Cette bonté, cette liberté, cette souveraineté, qui rendent la révélation possible, qui peuvent même en rendre l'existence vraisemblable, seraient toujours aussi parfaites et aussi complètes si Dieu s'était contenté d'être l'auteur de la nature humaine et le juge des actions de l'homme. Il aurait alors tenu compte, en le jugeant, de l'excuse de l'ignorance et de celle de la faiblesse non secourue.

La question de l'existence de la révélation chrétienne est une question de fait; c'est une question d'histoire. Si les faits historiques qui en démontrent l'existence étaient chimériques, le christianisme ne serait pas vrai; les attributs de Dieu seraient cependant les mêmes.

Mais si le spiritualisme philosophique tel que nous l'avons exposé, si la notion chrétienne de Dieu et de ses attributs pourraient être en principe séparés du fait de la révélation et du christianisme positif, nous devons ajouter qu'en pratique, et en ce qui concerne la masse des hommes et non quelques individus, cette séparation ne peut s'accomplir, et que, de plus, la philosophie ainsi séparée ne saurait suffire aux besoins moraux de l'humanité.

Saint Thomas d'Aquin a résumé dans un chapitre admirable les motifs de cette insuffisance de la démonstration philosophique de l'existence de Dieu :

« Si la connaissance des choses divines que la raison peut découvrir n'était accessible que par la raison et n'était pas enseignée par la révélation, il en résulterait trois grands maux pour l'humanité.

« Le premier, c'est que peu d'hommes parviendraient à la connaissance de Dieu. La plupart des hommes, en effet, ne peuvent parvenir à la découverte de cette vérité, parce qu'ils sont entravés dans leurs recherches par trois causes.

« Les uns sont arrêtés par leur tempérament intellectuel, qui les rend peu aptes à acquérir la science. Ils ne peuvent, quelques efforts qu'ils fassent, parvenir au degré le plus élevé de la connaissance humaine, qui est la connaissance de Dieu.

« D'autres sont retenus par la nécessité de pourvoir à leurs besoins temporels. Il est nécessaire, en effet, qu'il y ait dans la société humaine un certain nombre d'hommes qui se livrent à des occupations temporelles et ne peuvent consacrer aux études spéculatives assez de temps pour parvenir au faîte de la connaissance humaine, qui consiste à connaître Dieu.

14.

« D'autres sont arrêtés par la paresse. Pour parvenir, en effet, à la connaissance des attributs de Dieu que la raison peut découvrir, il faut de longues études préparatoires; il faut avoir étudié la plus grande partie de la philosophie. La métaphysique, qui traite des choses divines, est la partie qui doit être étudiée la dernière.

« Ainsi ce n'est que par un long travail que l'on parvient à la connaissance de ces vérités. Peu d'hommes veulent se donner cette peine par amour de la science, dont cependant Dieu a mis dans l'âme de l'homme le désir.

« Le second mal qui résulterait de l'absence d'une révélation divine, est que ceux qui arriveraient par la raison à la connaissance de ces vérités n'y arriveraient qu'après un long temps, à cause de la profondeur de ces vérités qui exige un long exercice de la raison, à cause également de toutes les études préparatoires nécessaires, enfin, à cause des passions qui agitent l'homme pendant sa jeunesse et lui ôtent le calme nécessaire pour acquérir une si haute connaissance; c'est, en effet, dans le repos que l'homme acquiert la prudence et la science, comme le dit Aristote.

« Le genre humain resterait donc, si Dieu n'était connu que par la raison, dans de profondes ténèbres d'ignorance, et la connaissance de Dieu, qui est nécessaire pour rendre les hommes bons et parfaits, ne serait acquise que par un petit nombre, et cela après un long intervalle de temps.

« Enfin il arriverait toujours que l'erreur se mêlerait aux vérités découvertes par la raison, à cause de la faiblesse de l'intelligence et de l'influence de l'imagination. Par suite, le doute subsisterait dans beaucoup d'esprits au sujet des vérités les mieux démontrées, il serait impossible à beaucoup de saisir la force de la démonstration, et les hommes verraient autour d'eux les choses les plus diverses enseignées par ceux qui ont la réputation d'être des sages (1). »

Ainsi parle le docteur angélique. Il semble qu'il ait prévu les difficultés du spiritualisme contemporain.

L'essai fait depuis le dernier siècle par Rousseau et ses disciples de l'établissement d'une religion naturelle fondée sur la raison seule, a été la confirmation, par les faits, des sages paroles du docteur qui a résumé au treizième siècle toute la science de son temps.

Aux raisons données par saint Thomas d'Aquin on peut, d'ailleurs, en ajouter d'autres non moins frappantes.

(1). *Somme contre les Gentils*, livre I, ch. IV.

Le mystère de la nature divine, le mystère des desseins de Dieu, les desseins souvent inexplicables de sa providence sur les individus, les malheurs qui tombent sur les justes et la prospérité des méchants, l'inégalité des moyens que les hommes ont de pratiquer leurs devoirs, celle des occasions de chute, tous ces nuages qui enveloppent et semblent cacher la bonté, quelquefois même la justice divine, affaiblissent en pratique l'effet des démonstrations philosophiques de l'existence et des attributs de Dieu. Il est difficile de croire que le Créateur est un être libre et parfaitement bon, et qu'il n'use pas de cette liberté, qu'il semble laisser agir les causes secondes comme si le sort des individus lui était indifférent.

Sans doute ces objections ne disparaissent pas entièrement dans la doctrine chrétienne ; on peut même dire qu'en enseignant d'une manière plus précise les conditions du salut, le christianisme en fait naître de nouvelles.

Mais tandis que les objections morales puissantes qui naissent du spectacle du monde ne trouvent en face d'elles, dans un système de religion purement philosophique et naturelle, que des arguments abstraits et des conclusions non vérifiées par les faits, les difficultés du christianisme sont en présence de preuves concrètes, d'une révélation appuyée sur des faits historiques, d'une parole de Dieu attestée par des témoins vivants dont la sincérité est évidente.

Il y a donc dans le christianisme des preuves concrètes en présence d'objections concrètes ; les unes sont de même nature que les autres, les preuves peuvent résister aux objections et les dominer, tandis que dans le spiritualisme purement philosophique, c'est le raisonnement seul qui doit lutter contre les objections apparentes présentées au nom de l'expérience et du sentiment.

Faut-il ajouter encore que la règle morale que le spiritualisme fournit aux hommes, tout en étant noble et élevée, manque de précision, qu'elle oscille entre une rigueur exagérée qui la rendrait impraticable et une tolérance qui abaisserait outre mesure l'idéal moral et lâcherait la bride aux passions ? Est-il nécessaire de dire que le spiritualisme ne fournit que des données vagues sur la possibilité et les conditions du repentir et de la réparation du mal moral, tandis que cette question importante et pratique au plus haut degré est l'objet principal de l'enseignement chrétien dont le centre est le dogme de la rédemption, c'est-à-dire la conciliation entre la justice et la miséricorde, le pardon offert avec abondance, en même temps que le prix infini de la victime qui rachète l'homme maintient à sa hauteur sublime l'idéal de la morale et conserve intacts les droits de la justice éternelle ?

Enfin il est certain que la religion naturelle ne répond pas aux besoins de l'humanité. Ni le cœur, ni l'imagination, ni le sentiment de l'adoration envers l'Être infini ne trouvent leur satisfaction dans une religion purement philosophique. Partout et toujours les hommes ont cru qu'il faut honorer la divinité par un culte public et que ce culte ne doit pas être établi par une autorité humaine. L'histoire des religions, mieux connue en notre siècle, atteste l'universalité de cette idée. M. Jules Simon, dans la dernière partie de son livre sur la religion naturelle, reconnaît lui-même l'existence de cette difficulté. Platon, ou du moins l'auteur du dialogue qui lui est attribué sous le nom de *Second Alcibiade,* avait déjà parlé dans le même sens, et après avoir discuté la valeur du rôle des cérémonies païennes, avait conclu en disant qu'il faut observer la tradition jusqu'à ce qu'apparaisse un envoyé du ciel, qui apprenne aux hommes comment on doit rendre à la divinité le culte qui lui est dû.

L'impuissance pratique du spiritualisme non chrétien, qui a été si évidemment constatée de nos jours, n'est donc pas un fait accidentel. Elle provient de causes indestructibles. L'espoir de créer une religion naturelle populaire est chimérique. Sur ce point, le sentiment public a donné raison aux apologistes du christianisme. A très peu d'exceptions près, ceux qui veulent échapper au positivisme ont senti qu'ils ne pouvaient trouver un appui suffisant dans la religion naturelle, et qu'il fallait remonter jusqu'à l'Évangile pour sauver la conscience humaine du naufrage.

IV

Il est cependant une autre raison absolument concluante et sans réplique, en faveur de cette nécessité d'unir le christianisme au spiritualisme ; nous croyons nécessaire de la mentionner, vu la grande importance du sujet.

Quand il s'agit d'établir les bases d'une règle morale destinée à des hommes qui ont reçu l'éducation chrétienne ou même qui habitent un pays chrétien, il est déraisonnable de ne pas tenir compte de l'existence même du christianisme et, par suite, des faits historiques passés qui ont été la cause du triomphe de l'Évangile.

Si ces faits sont réels et bien prouvés, il est obligatoire de les croire tels et d'en accepter les conséquences. En présence de tels faits supposés prouvés, et tant que la preuve subsiste et n'est pas détruite, toute doctrine qui les exclut doit être considérée comme une erreur. D'autre part, l'attestation publique de ces faits par l'Église catholique est un fait si évident et d'une telle importance qu'il n'est pas permis de n'en pas tenir compte. Tout homme qui a entendu cette voix de l'Église, c'est-à-dire tout homme habitant les pays chrétiens, est tenu, sous peine d'une imprudence qui touche à la folie, ou d'un parti pris qui mérite le nom d'aveuglement, à se poser la question de la vérité des faits évangéliques.

L'attestation de l'Église est une vraie mise en demeure de se prononcer sur la réalité de faits qui ont une importance si capitale. Essayer de résoudre le problème de la destinée humaine sans avoir au préalable vérifié si cette affirmation de l'Église est fondée, c'est vouloir prononcer un jugement sans avoir étudié les faits principaux de la cause.

Maintenant l'étude de cette question se divise nécessairement en deux parties. On peut et on doit se demander si les faits évangéliques, tels qu'ils nous sont racontés, avec leur caractère surnaturel, sont possibles et vraisemblables. On peut se demander s'ils sont suffisamment attestés.

La première question est d'ordre philosophique. Un athée ou un panthéiste doivent répondre négativement. S'il n'y a pas de Dieu, ou si Dieu est une cause aveugle et fatale, le surnaturel est impossible en soi.

Un théiste, au contraire, un homme qui croit en un Être suprême, parfait, vivant et libre, ne saurait refuser à cet Être le pouvoir d'intervenir dans son œuvre. L'homme intervient dans la nature pour la modifier. Si Dieu possède à l'infini les perfections de la nature humaine, il ne peut pas ne pas posséder ce pouvoir.

Donc, à cette question de la possibilité des miracles, il y a deux réponses opposées, qui dépendent de la notion que chacun se fait de la cause suprême de l'univers. Mais ces réponses influent sur l'étude de la seconde question, celle de la valeur des témoignages qui garantissent la vérité des faits évangéliques.

Si d'avance, au nom d'un principe philosophique, on a déclaré ces faits impossibles, on est conduit à écarter entièrement la supposition qu'ils sont vrais, à supposer *à priori* mensongers les témoignages qui les attestent, et à expliquer comme on le peut, moyennant des hypothèses qui peuvent être très invraisemblables, mais qu'on accepte faute d'une meilleure solution, la production de ces témoignages et la rédaction des écrits qui les contiennent.

Si, au contraire, on admet que les miracles sont possibles, on doit étudier impartialement ces témoignages et les accepter comme véridiques, pourvu que, considérés en eux-mêmes et indépendamment du caractère surnaturel des faits rapportés, ils apparaissent comme dignes de foi. La première méthode est celle qu'a suivie Renan dans son étude sur les origines du christianisme. Il a eu soin d'affirmer souvent que, selon son opinion, le surnaturel est impossible et absurde. Partant de cette idée, il a cherché à expliquer comment le christianisme a pu naître sans miracles, et comment ont pu être rédigés les textes évangéliques où ces miracles sont attestés. Convaincu d'avance que, partout où se trouve un récit miraculeux, il y a une illusion ou un mensonge, il s'est efforcé d'expliquer l'origine de ces illusions et de ces mensonges.

Étant donné son point de départ, la solution qu'il a présentée est peut-être, quelque insuffisante qu'elle soit, une des meilleures qui puissent être proposées. Ses livres, si dangereux pour les imprudents qui se laissent prendre à la magie du style et qui oublient qu'il part d'un principe faux, peuvent avoir pour d'autres une certaine utilité. On peut, en le lisant, constater les immenses difficultés qu'il a rencontrées, les lacunes énormes que laissent subsister ces essais de solution.

Mais il ne faut pas oublier que toutes ces difficultés proviennent du principe faux qu'il a posé ; que dès que ce principe est abandonné, dès que le surnaturel est considéré comme possible, il y a une explication simple, facile et vraisemblable des paroles évangéliques, c'est de les considérer comme véridiques, et qu'en même temps l'histoire des origines chrétiennes cesse d'être un problème insoluble si l'on admet l'action libre et bienfaisante du Dieu tout-puissant.

Je suis convaincu que c'est l'oubli de cette simple remarque qui fait que bien des personnes ont été ébranlées dans leur foi par la lecture des récits hypothétiques de l'auteur de la *Vie de Jésus*, et qu'il suffit de se rappeler le principe indémontré dont il part pour rompre le charme séducteur de cette pseudo-histoire des origines chrétiennes.

Mais cette même remarque montre également pourquoi, à notre époque et dans les pays chrétiens, la religion naturelle est impossible.

En effet, quiconque croit réellement à un Dieu

vivant, à un Père céleste, à un Dieu bon et libre, ne saurait nier la possibilité des miracles. Rousseau lui-même l'a reconnu et a dit que celui qui nierait la possibilité du miracle méritait d'être enfermé comme fou.

Dès lors, aucun théiste conséquent n'a le droit de se servir, pour apprécier les textes évangéliques, du criterium adopté par Renan. Aucun n'a le droit de se contenter d'hypothèses invraisemblables jusqu'à l'impossibilité pour expliquer le témoignage des apôtres au sujet de la résurrection du Sauveur.

Tous doivent, en étudiant les documents primitifs du christianisme, être prêts à accepter comme réelle une intervention de Dieu, qui est conforme à ses attributs, qui s'accorde avec sa bonté, qui répond aux besoins de l'humanité plongée dans les ténèbres de l'ignorance et qui produit les fruits si évidemment bienfaisants de la religion chrétienne.

Or, ainsi considérés, ces textes mêmes montrent avec évidence la sincérité des témoins et la vérité des faits attestés.

Ainsi, tout homme qui croit sincèrement au Dieu parfait et libre, et qui lit l'Évangile, doit, s'il est conséquent avec lui-même, reconnaître la vérité des faits évangéliques.

En revanche, celui qui est, par suite de préjugés ou de faux raisonnements, décidé d'avance et d'une manière irrévocable à repousser l'Évangile et à refuser son assentiment à la doctrine chrétienne, est porté par là même à rejeter le théisme, et à substituer à la liberté du Dieu chrétien l'idée d'une cause suprême agissant d'une manière aveugle et nécessaire. Pour se délivrer de la pression de témoignages aussi évidemment sincères que ceux des apôtres, il faut déclarer impossible l'objet de ces témoignages : pour se débarrasser de l'effet qui est le christianisme, il faut supprimer la cause qui est la liberté toute-puissante et la bonté gratuite du Créateur.

Ainsi s'écroule le terrain étroit et chancelant sur lequel Rousseau a voulu planter la tente de la religion naturelle. Ainsi, par une pression logique invincible, les esprits sont poussés soit du côté du panthéisme, soit du côté du christianisme. Tous, sans doute, ne cèdent pas à cette pression : il y a des inconséquences dans la nature humaine ; il y en a d'heureuses et de salutaires, comme il y en a de funestes ; il y a des esprits qui s'arrêtent sur la pente dans quelque sens qu'ils soient poussés à marcher, vers le bien ou vers le mal, vers la vérité complète ou vers l'erreur absolue.

Mais il est certain que cette double pente existe,

et qu'il tend à se faire un partage des esprits, les uns admettant à la fois la liberté de Dieu, d'où résulte la possibilité des miracles, et l'existence réelle des miracles évangéliques ; les autres niant l'une et l'autre à la fois. C'est même la vraie explication des progrès de l'athéisme en notre siècle.

En attaquant Dieu, c'est Jésus-Christ et son Église que beaucoup d'hommes veulent détruire. Nous avons dit précédemment que les questions métaphysiques et morales ne peuvent jamais être traitées avec une complète impartialité, que les hommes sentent de très loin les conséquences de chaque proposition qu'ils admettent, et s'arrêtent de peur d'être conduits par la logique au point où d'avance ils sont décidés à ne pas aller.

Si la question de l'existence d'un Dieu créateur, libre, personnel et parfait, pouvait être traitée isolément, nous ne doutons pas que les arguments que nous avons rapidement exposés et les autres preuves qui sont contenues dans les écrits des grands philosophes n'entraînassent l'assentiment de la plupart des esprits droits et des cœurs sincères.

Mais une fois admise l'idée du Dieu créateur, on se trouve en présence de la possibilité du miracle, qui en est la conséquence nécessaire. De la possibilité à la vraisemblance, de la vraisemblance à la réalité, le passage est facile en présence des témoignages évangéliques, en présence des faits transcendants qui mettent le christianisme hors de pair parmi toutes les religions de l'univers et en présence aussi de ce fait étrange que c'est la religion d'Israël, source du christianisme, qui a répandu sur la terre la doctrine de l'unité de Dieu.

Dès lors on ne peut discuter sur l'existence de Dieu sans soulever toutes les passions qui naissent en présence du christianisme. Le christianisme a été l'éducateur et le fondateur des sociétés civilisées modernes. Ses bienfaits sont immenses et ne peuvent être contestés par les hommes de bonne foi. Mais cette rude tâche de l'éducation des peuples n'a pu s'accomplir sans conflits : comme cette tâche n'a été accomplie en fait ni par des anges, ni toujours par des saints, mais par des hommes ayant les faiblesses et les passions de la nature humaine et mêlant à l'œuvre divine les imperfections de leurs propres œuvres, il a dû se produire un partage des esprits en partisans et en adversaires de la religion qui a exercé une si grande influence ; il doit exister une accumulation de haines et de rancunes en face d'élans d'enthousiasme et de reconnaissance. Ce partage s'est étendu des doctrines religieuses aux doctrines philosophiques, du dogme chrétien à la notion chrétienne du Dieu parfait, et le déisme a aussi vu le terrain s'effondrer sous lui entre l'athéisme et le christianisme.

V

C'est donc le spiritualisme chrétien qui seul peut résister au positivisme. Il y a, comme nous l'avons montré, deux routes qui conduisent au delà des limites du monde expérimental : la route de l'autorité et la route de l'examen. Ces deux routes, poussées assez loin, viennent se réunir en un même point. Le Dieu de la métaphysique est le même que le Dieu de l'Évangile. La convergence de ces deux routes est la preuve de la légitimité des deux méthodes. L'accord entre la métaphysique et la tradition chrétienne, appuyée sur les miracles de l'Ancien et du Nouveau Testament, est une vérification certaine et incontestable de la doctrine à laquelle on parvient par ces deux chemins séparés, qui conduisent au même point.

Mais si l'on s'arrête sur l'une des deux routes, si l'on se contente d'un christianisme vague, sentimental et non dogmatique, qui n'est pas considéré comme la parole authentique d'un Dieu parfait, ou bien si l'on se contente de la notion rationnelle de Dieu et si l'on rejette sa révélation surnaturelle, forcément on redescend du côté du panthéisme et du positivisme. Pour trouver la certitude requise par les besoins de l'humanité, pour trouver la règle morale venant d'en haut, il faut s'élever jusqu'au christianisme véritable, jusqu'à celui qui s'appuie sur la parole du Dieu créateur et sur la divinité du Christ.

Il faut même aller plus loin encore. Pour que les convictions aient une base pleinement logique et rationnelle, pour que l'édifice de ces convictions soit construit sur un terrain solide avec des matériaux à l'épreuve de la critique, il faut choisir entre les diverses formes de christianisme qui existent dans l'univers. Un christianisme vague et sans doctrine précise ne saurait donner à l'humanité la règle morale dont elle a besoin ; la certitude de l'au-delà ne peut résulter que d'une parole divine authentique, parvenue dans son intégrité jusqu'à nous.

Maintenant avons-nous besoin de prouver que des trois formes précises du christianisme qui se partagent le monde chrétien, la seule qui ait une base logique et rationnelle est la forme catholique ?

La forme protestante, telle que Luther l'a créée, consistant à n'avoir comme règle de foi que le texte de la Bible, livré à l'interprétation de chacun, est condamnée par l'histoire du passé et par celle du présent.

L'histoire du passé atteste que la collection des livres inspirés n'a été close et fixée qu'au bout de plusieurs siècles par l'autorité même de cette Église que Luther a voulu détruire, et l'histoire des temps présents nous montre l'impuissance des protestants qui s'efforcent en vain à tirer de la Bible une règle de foi unique, réduite même aux points les plus essentiels. Beaucoup d'entre eux, ne trouvant pas dans le texte seul un appui suffisant pour maintenir l'intégrité de la doctrine qu'ils professent, ont recours à la tradition des premières Églises réformées, ce qui est renier le principe même de leur séparation.

Une inconséquence analogue existe dans la doctrine des chrétiens orientaux qui ont rompu le lien qui, jusqu'au huitième ou même jusqu'au onzième siècle, les rattachait au centre de l'unité catholique. Ils vivent sur leur tradition, acceptant comme garantie par une autorité absolue et divine les décisions des conciles des premiers siècles, et rejetant ceux des siècles suivants, sans avoir pour cela aucun motif. On ne sait s'ils admettent ou s'ils repoussent l'idée d'une autorité vivante et infaillible existant actuellement.

L'Église catholique, au contraire, a pour elle la continuité historique d'une tradition non interrompue, et l'appui des paroles formelles de l'Évangile. Elle peut prouver son autorité divine, et montrer ses titres de créance à tous ceux qui l'interrogent. Ses principes de morale, sa fermeté sur la question de l'indissolubilité du mariage, les institutions bienfaisantes qu'elle a créées, la solennité et l'influence mystique et touchante de son culte, les dévouements héroïques qu'elle a produits dans tous les siècles, viennent à l'appui des preuves rationnelles qu'elle présente.

M. Jules Simon, dans le livre que nous avons cité, après avoir décrit et analysé avec une grande exactitude tout ce qui constitue la religion catholique, conclut en disant que cette religion « peut être justement appelée l'idéal d'une religion positive (1) ».

Cet aveu est précieux. Si nous remarquons que cette religion, ainsi qualifiée par un homme qui n'en admet pas la doctrine, remonte par une histoire absolument certaine jusqu'à l'origine même du christianisme, qu'elle plonge ainsi ses racines

---

(1) *La Religion naturelle,* 3ᵉ édition, p. 352.

dans la réalité historique, que sa naissance concorde avec la grande rénovation morale et sociale que Taine a si éloquemment décrite, qu'elle tient également aux faits évangéliques si solidement attestés, nous devons reconnaître que l'idéal dont parle M. Jules Simon n'est pas un idéal abstrait, mais un idéal réel ; et que de même que le Dieu chrétien à la fois idéal et réel, parfait et vivant, est le seul vrai Dieu, et que le Christ, idéal et réel également, est le seul vrai maître, le vrai Sauveur de l'humanité, de même l'Église catholique peut légitimement prétendre au titre d'unique vraie religion.

C'est donc à elle seule que l'humanité doit demander cette règle morale venant d'en haut dont elle a un si pressant besoin.

Ici encore nous rencontrons une de ces vérités qui commencent à pénétrer l'esprit public. Cette idée que, si l'on veut une religion qui réponde aux exigences de la raison et du cœur et de la conscience, il faut avoir recours au catholicisme, apparaît sous des formes multiples, dans des écrits provenant des sources les plus diverses.

Les grands esprits qui sont revenus à l'Église de Rome, après avoir essayé de donner à l'Église anglicane une base logique et rationnelle, les Newman, les Manning, l'ont montré par leur vie autant que par leurs écrits. C'est encore la conclusion d'un des adversaires les plus habiles du positivisme anglais, Mallock : c'est celle qu'énonce Paul Bourget, lorsqu'à la fin de son roman de *Cosmopolis* il fait apparaître Léon XIII comme celui qui seul a en main le remède contre un mal qui semble incurable, le scepticisme dissolvant et le dilettantisme de nos contemporains.

Citons encore le témoignage d'un des plus illustres défenseurs du spiritualisme non chrétien. Dans un article publié en 1867, M. Janet se plaignait de la disparition des doctrines moyennes, noyées et entraînées dans le torrent des doctrines extrêmes. Il voyait venir le jour où les hommes seraient réduits à choisir entre l'athéisme de Naigeon et le catholicisme de l'Encyclique (il s'agissait de l'Encyclique *Quanta cura,* à laquelle est joint le *Syllabus*). Il ajoutait : « Entre l'athéisme et la servitude de la conscience et de la pensée, l'alternative n'est pas gaie (1). »

Il attribuait cet état de choses à un abus de la logique. Nous avons montré, ce nous semble, qu'en présence des faits évangéliques si solidement attestés et de leur conséquence, qui est l'institution de l'Église, ce n'est pas l'abus, mais l'usage

(1) *Revue des Deux Mondes*, 15 juillet 1867. *Spinoza et le spinozisme*, par M. Paul Janet.

sain de la logique qui oblige à poser l'alternative entre le catholicisme et la négation du Dieu personnel. Et quant à ce que M. Janet appelle la servitude de la pensée, ce n'est que la soumission raisonnable à une autorité dont on reconnaît la légitimité.

VI

La citation que nous venons de faire nous conduit à parler d'une des causes qui arrêtent le retour vers les doctrines spiritualistes.

Si réellement, comme nous croyons l'avoir démontré, il n'est possible de sortir du cercle de fer des doctrines négatives qu'en choisissant une religion et une philosophie déterminées, si l'on ne peut combattre le scepticisme que par des affirmations précises, si la seule religion et la seule philosophie dont l'autorité et la vérité puissent être solidement prouvées consistent dans le spiritualisme catholique, si ce spiritualisme et le positivisme sont comme les deux pôles de la pensée humaine, s'il faut nécessairement monter vers l'un ou descendre vers l'autre, si eux seuls sont conséquents et logiques, si la paix intellectuelle jointe à l'espérance certaine de l'au-delà ne se trouve que dans l'Église, si tout cela est certain et nécessaire, n'est-il pas dur, n'est-il pas pénible de revenir à un passé que l'on a cru définitivement condamné? N'est-ce pas revenir en arrière et désavouer tous les progrès accomplis depuis un siècle?

Nous n'entreprendrons pas de répondre en détail à cette vaste objection, de justifier l'Église contre les accusations dont elle est l'objet, de montrer qu'elle n'est ennemie ni de la science, ni de l'histoire, ni de la civilisation et du véritable progrès.

Nous n'aurions pour le faire qu'à renvoyer aux nombreux écrits apologétiques où cette question est traitée. Nous devrions surtout citer les admirables encycliques de Léon XIII. Après le pontificat de ce grand Pape, qui osera dire que l'Église romaine ne peut s'accorder avec les sociétés modernes, et qu'elle est hostile au progrès et à la démocratie? L'Encyclique *Quanta cura* de Pie IX, qui semblait inacceptable à M. Janet, maintenant expliquée par l'Encyclique *Libertas* de Léon XIII, n'est plus une sérieuse difficulté.

Cette question d'ailleurs a déjà été traitée par un éminent philosophe spiritualiste et chrétien, dans un article qui a produit une profonde sensation. Il répond d'une manière si convaincante à la difficulté dont nous parlons, il montre une si exacte intelligence des objections modernes, une si réelle et si profonde sympathie pour les craintes qui hantent la pensée de nos contemporains, que nous ne résistons pas au plaisir d'en citer quelques passages :

« Sachons comprendre qu'aucune époque ne contient tout le christianisme réalisé dans ses façons de penser, de sentir, de vouloir, d'agir. Ni le quatrième siècle, ni le treizième siècle, ni le dix-septième n'ont été tout chrétiens, et, l'eussent-ils été, il y aurait encore des faces de l'idée chrétienne et des ressources de l'esprit chrétien qu'ils ne nous révéleraient pas suffisamment, parce que ni leurs besoins, ni leurs maux, ni leur état d'esprit ou d'âme, ni leur état social, ni les formes de la vie alors connues et expérimentées, n'appelaient de ce côté l'attention.

« Le christianisme prend les hommes comme il les trouve, et les sociétés aussi : il s'accommode à ce qui lui préexiste et se fait, avec les éléments qui s'offrent à lui, un vêtement destiné à durer plus ou moins. Si l'on confond avec lui ce vêtement qui se démode, qui s'use, on peut le croire lui-même démodé, usé. On le rejette comme une chose vieillie qui a fait son temps. On s'indigne de la gêne que ces vieilleries imposent à l'esprit, à l'âme, qui se renouvellent et se rajeunissent. On croit affranchir l'humanité en la débarrassant de ces entraves d'autant plus redoutables qu'elles paraissent sacrées. Mais le christianisme est lui-même vivant, toujours jeune, et bien souvent c'est de lui que viennent primitivement ces idées qu'on lui oppose, c'est de lui qu'elles viennent en ce qu'elles ont de profond et de solide, de sain et de fécond. Que l'on considère l'histoire, on verra combien de vêtements il a déjà usés depuis sa naissance. Quand l'Empire romain fut devenu chrétien, on put croire l'Église identifiée à l'Empire. L'Empire pourtant s'évanouit, et l'Église continua de vivre, et elle fut le principe de vie qui présida tantôt visiblement, tantôt d'une manière latente, à l'évolution d'où sortit une civilisation nouvelle. Vers le treizième siècle son œuvre parut achevée : un art nouveau, une philosophie nouvelle, un renouveau littéraire, un état social et politique nouveau, tout avait donc été refait, et tout cela semblait tellement identifié avec le christianisme que l'on ne concevait plus que cela pût cesser d'être sans que lui-même disparût ; et comme on pensait qu'il ne pouvait disparaître, on pensait aussi que tout cela devait durer : l'humanité n'avait plus qu'à se répéter elle-même, tout au plus à pousser plus loin la conformité à l'idéal que déjà elle réalisait.

« Toute nouveauté donc était un danger, une perte. Et cependant le moyen âge a cessé d'être, le vêtement a été déchiré, et de quelle façon douloureuse, et au milieu de quelles secousses terribles ! Le christianisme a subsisté. Le dix-septième siècle a vu une renaissance catholique éclatante. Mais lui-même a eu, à son tour, un héritier qui a préparé de nouveaux changements, et singulièrement profonds. Le vêtement que le christianisme s'était fait a de nouveau été troué, maculé, mis en pièces. Le christianisme a-t-il été atteint lui-même ? A-t-il péri ? C'est un fait qu'il a dans le temps présent une vitalité nouvelle, et il est en train de se refaire un vêtement commode et décent.

« Parlons mieux. Cette puissance si remarquable d'accommodation ne serait pas bien comprise si l'on n'y voyait qu'une sorte de souplesse politique qui permît au christianisme de se faire à tout, et par là de durer et de vivre malgré tout. Il y a plus et mieux que cela. S'il se fait à tout en ce sens un peu vulgaire, c'est qu'en un autre sens très haut il se fait tout à tous : le principe de vie qu'il porte en soi pénètre tout, et un état intellectuel, moral, social étant donné, voilà que cet esprit y entre, y circule, s'y ajoutant, s'y mêlant, inspirant les pensées, les sentiments, les actes, les institutions, les lois, créant des organes nouveaux où s'exprime, où se réalise l'idéal, et ce que nous appelions tout à l'heure un vêtement de circonstance, c'est la forme locale et temporaire, mais vivante en son lieu et en son temps, que se donne à elle-même l'âme des choses, si je puis dire, quand cette âme a été suffisamment remplie de l'esprit chrétien. En réalité, le christianisme ne reçoit pas, il donne ; il n'est pas en quête d'un vêtement qui lui serait nécessaire, mais aux sociétés comme aux individus il fournit un principe auquel elles se conforment ; ce n'est pas lui, à vrai dire, qui s'accommode aux choses, il se les accommode pour les vivifier, pour les transformer. Il opère ainsi d'incessantes créations. Et lorsque vient un moment où la vie prend une autre direction et a besoin des formes nouvelles, ces formes si puissantes tout à l'heure ne suffisent plus : la vie s'en est retirée. Mais alors qui voudrait y voir le christianisme même, oubliant qu'il va faire du nouveau, qui s'arrêterait là s'attacherait à un fantôme sans consistance, adorerait une idole sans vertu, et qui s'effrayerait de voir renaître des choses que le temps présent ne comporte plus aurait peur d'un fantôme ou d'une idole. »

Citons encore ce passage :

« Chargée de maintenir les règles éternelles, l'Église a toujours su encourager et bénir les nouveautés. Chacun de ses grands saints a causé dans le monde de la surprise, de l'étonnement. Chaque grand ordre religieux a été l'apparition d'une forme nouvelle de vie chrétienne. Des Papes mêmes ont été inspirés, soutenus, j'allais dire dirigés, par des particuliers, et une Catherine de Sienne a ramené dans Rome, presque malgré lui, le Souverain Pontife siégeant dans Avignon. La nouveauté est toujours renaissante dans la vieille Église, et, quoique les dogmes y soient immuables, l'esprit y renouvelle toutes choses, apportant aux dogmes mêmes qui se développent un surcroît de précision ou un surcroît de lumière. L'initiative particulière est sans cesse agissante dans cette Église si fortement disciplinée; et quoiqu'un chef unique y gouverne tout, les membres, même les plus humbles, y ont une part d'action. Elle brise toute révolte, mais elle accueille toute innovation suffisamment éprouvée; elle se défie du jugement particulier, du sentiment particulier, mais elle sait que l'Esprit de Dieu a des dons divers, elle en accepte les formes multiples, *gratia Dei multiformis,* et elle reconnaît que, si les dons de Dieu sont variés, variées aussi sont les âmes humaines, les personnes humaines, les causes secondes que Dieu associe à son gouvernement.

« Il y a des époques où c'est le chef de l'Église même qui prend l'initiative des nouveautés. D'ordinaire il est le juge et le modérateur plutôt que le moteur. En certains temps, il imprime à tout le corps un mouvement. Il a des hardiesses qui déconcertent. Il dérange les habitudes vieillies, il brise, s'il le faut, les cadres usés, il débarrasse l'Église de certains appuis devenus entraves, il renonce à des alliances compromettantes, il en cherche d'inusitées, il emploie des procédés inaccoutumés, étranges presque. Notre siècle, notamment dans les dix dernières années, nous a donné ce spectacle (1). »

Ajoutons à ces idées si vraies et si originales une dernière considération. La fermeté et la solidité des principes logiques du catholicisme n'est pas utile seulement aux catholiques. Les chrétiens séparés de l'Église, les spiritualistes non chrétiens en profitent dans une mesure très étendue. Si la puissante voix de l'Église se taisait, ceux qui professent une partie seulement des vérités catholiques seraient si peu nombreux en présence de la foule des adversaires, qu'ils risque-

---

(1) *Les Sources de la paix intellectuelle*, par OLLÉ-LAPRUNE. (*Correspondant*, 25 juin 1891.)

raient de perdre courage. L'Église, en leur présentant constamment le vrai Christ et le vrai Dieu, les aide à conserver leurs croyances salutaires. J'ai entendu quelques-uns de nos frères séparés reconnaître que, pendant la crise rationaliste du protestantisme au dernier siècle, l'Église catholique seule avait conservé la divinité du Christ et le mystère de la croix : les protestants sincères doivent reconnaître que le même fait se reproduit aujourd'hui.

Ces réponses nous paraissent suffisantes, et à ceux qui nous diraient encore : « Le salut peut-il venir de l'Église catholique », nous répondrons comme saint Philippe répondit à celui qui disait : « Peut-il venir quelque chose de bon de Nazareth » ; l'apôtre lui dit : « Venez et voyez. »

VII

Nous pouvons maintenant nous prononcer sur la question que nous avons posée à l'origine de ces études. Nous pouvons dire à quelle condition l'entreprise des nouveaux docteurs nous paraît pouvoir être utile et avoir des effets durables.

Si ceux qui ont pris l'initiative de ce mouvement ne se décident pas à entrer dans l'une des deux voies que nous avons indiquées, la voie de l'autorité et celle de l'examen ; si même ils ne s'avancent pas, sur l'une ou l'autre de ces routes, assez loin pour pouvoir affirmer sans hésitation soit la vérité absolue du christianisme, soit l'existence d'un Dieu personnel et parfait, leur œuvre sera vaine ; elle sera même dangereuse et nuisible. Le public qu'ils auront essayé de soulever vers un idéal supérieur retombera lourdement et avec découragement dans le scepticisme, et son état sera pire que le précédent.

Ils n'auront fait que détruire certaines illusions, et laisseront l'humanité plus profondément plongée dans le scepticisme. Ils n'auront fait qu'ajouter aux négations régnantes une négation de plus. Les positivistes doutent du monde invisible, mais ils croient en eux-mêmes, ils croient à la fécondité et à l'utilité de leur doctrine. Les disciples découragés de la nouvelle école auront perdu cette confiance et douteront d'eux-mêmes et de l'humanité, sans être moins sceptiques sur le monde invisible.

Si les nouveaux docteurs, entrant dans l'une ou l'autre de ces deux routes, s'avancent assez loin pour poser des affirmations précises, mais sans aller jusqu'au terme où ces routes convergent, sans s'élever jusqu'au spiritualisme catholique ; s'ils choisissent une religion et une philosophie qui se rapprochent plus ou moins de la vraie religion et de la vraie philososophie sans cependant les atteindre, leur œuvre sera imparfaite et insuffisante, mais elle pourra être utile. Elle sera imparfaite et insuffisante, car ils ne pourront pas donner à l'humanité ce dont elle a besoin, une règle morale venant d'en haut et justifiée aux yeux de la raison.

Leur œuvre sera utile néanmoins, car les vérités partielles qu'ils auront conquises seront des germes féconds d'où pourra sortir une vérité plus complète. Ce qu'ils auront commencé, d'autres pourront l'achever. Il auront préparé pour l'avenir la reconstruction des croyances et des principes catholiques.

Tout dépend donc de l'énergie avec laquelle ils vont poursuivre la tâche qu'ils ont entreprise. Il semble qu'il y ait en ce moment un temps d'arrêt dans l'accroissement de ce mouvement d'opinion. L'enthousiasme du début a diminué : l'incertitude sur la direction à prendre effraye les adeptes. Les chefs voudront-ils et pourront-ils entrer, pour tout de bon, en lutte ouverte avec les doctrines négatives et croiser le fer avec l'adversaire qu'ils ont publiquement provoqué ?

Cela ne dépend que d'eux-mêmes et de l'usage qu'ils feront librement de leur force et de leur talent.

Nous ne pouvons aller plus loin dans notre prévision. L'avenir seul nous apprendra ce qui doit résulter de ce mouvement.

Mais si nous devons rester incertain en ce qui concerne le résultat de la réaction que nous avons vue commencer, nous pouvons, en revanche, tirer des études mêmes que nous avons faites une consolante certitude.

Le positivisme ne régnera pas toujours sur l'humanité. Effet d'une révolution violente de la pensée, contraire aux instincts profonds de l'humanité, appuyé sur des raisons puissantes en apparence, mais dont la vanité peut être démontrée, tôt ou tard son empire si étendu doit cesser ou, du moins, être grandement restreint.

Il ne peut être remplacé d'un manière solide et définitive que par le spiritualisme chrétien et catholique.

C'est sur le vrai Dieu, sur Jésus-Christ et sur l'Église que doit reposer l'édifice reconstruit des croyances et des principes de conduite de l'humanité.

Nous verrons donc, ou ceux qui viendront après nous verront s'accomplir encore une fois la grande prophétie de David :

« La pierre que ceux qui bâtissaient ont rejetée est devenue la pierre de l'angle. »

Nous avons, en outre, de grandes et sérieuses raisons d'espérer que c'est en France que se fera premièrement et principalement cette reconstruction. C'est un des traits du caractère français d'aller aux extrêmes et de passer quelquefois d'un extrême à l'autre.

En outre, c'est dans notre patrie que les deux doctrines opposées, le positivisme et le catholicisme, celle qui professe l'impossibilité de connaître la cause suprême du monde et celle qui a la prétention légitimement fondée de posséder un interprète vivant et perpétuel de la pensée de Dieu, se trouvent directement et immédiatement en présence.

Les diverses formes du protestantisme qui, en Allemagne et en Angleterre, servent de transition entre les deux pôles de la pensée et atténuent l'acuité du conflit, n'ont en France qu'une influence très restreinte.

Quels que soient d'ailleurs les ravages produits par les doctrines négatives, surtout dans les classes populaires, quelle que soit la direction antireligieuse donnée à la politique officielle, l'union antique et séculaire entre l'Église et la nation française n'est pas rompue. Elle ne saurait l'être : trop de liens les unissent, dans les besoins et les œuvres du temps présent, aussi bien que dans les souvenirs du passé.

C'est la France catholique qui, nonobstant l'espèce d'ostracisme qu'elle subit à l'intérieur, envoie ses missionnaires dans le monde entier et, tout en se défendant elle-même, propage l'Évangile au dehors et porte le poids des œuvres de l'Église universelle. L'Église semble, d'autre part, s'apprêter à donner à ces liens une consécration solennelle. En plaçant Jeanne d'Arc sur les autels, elle semble déclarer que, par un privilège unique, Dieu, ayant des desseins spéciaux sur la France, est miraculeusement intervenu pour sauver notre patrie de la ruine et de l'asservissement.

Nous pouvons donc attendre avec confiance un retour vers les croyances séculaires de nos aïeux.

Mais nous ne savons comment s'accomplira ce retour, s'il sera lent ou rapide, obscur et caché, ou manifeste et glorieux.

Quand les Israélites, pendant la captivité de Babylone, lisaient les brillantes promesses contenues dans les prophéties d'Isaïe, ils croyaient à une restauration glorieuse de leur nation, de leur ville et de leur temple, et à la venue prochaine d'un Messie vainqueur qui humilierait leurs ennemis.

L'époque fixée approchait, et aucun signe de cette restauration ne se manifestait. Daniel alors se mit en prières, et supplia Dieu d'accomplir sa promesse. Il lui fut révélé que cette restauration allait s'accomplir, mais tout autrement qu'il ne l'espérait, que ce serait une œuvre longue et pénible, une œuvre de patience et de persévérance, que la ville et ses murailles seraient reconstruites *in angustia temporum,* dans l'angoisse des temps, sous le regard des ennemis, et sous la pression de la persécution.

Ne nous demandons pas quand viendra ce salut désiré. Il est déjà venu : son commencement est sous nos yeux. La reconstruction des croyances, des principes, des institutions catholiques s'accomplit dès à présent *in angustia temporum...* S'il se fait un travail de destruction, si les usages chrétiens et les traditions chrétiennes disparaissent là où ils n'étaient maintenus que par la routine ou par l'appui équivoque et dangereux du pouvoir civil, il se fait en même temps, du haut au bas de l'échelle, un travail de reconstruction.

Entre l'état de la France catholique au temps où commencèrent les conférences de Lacordaire à Notre-Dame et son état aujourd'hui, la différence est immense.

N'oublions pas qu'alors, un demi-siècle avant

notre époque, il n'y avait ni ordres religieux, ni enseignement libre, ni œuvres ouvrières, ni pratique religieuse de la part des hommes, ni institutions de hautes sciences pour les chrétiens.

Il se produit quelque chose d'analogue à ce qui se passe dans les êtres organiques, un double travail de désassimilation d'une part, et d'assimilation de l'autre. Un christianisme nouveau, plus personnel, plus vivant, plus indépendant du pouvoir civil, mieux armé au point de vue intellectuel, plus soucieux de l'unité et de la liberté de l'Église, grandit lentement, mais d'une manière continue, au milieu des ruines qui s'amoncellent.

Là se trouve le salut, et non dans les rêves de l'occultisme, ni dans les fantaisies d'un idéalisme nuageux, ni dans la chimère de l'action sans but et de l'effort sans direction.

Arrêtons-nous sur cette espérance d'une rénovation chrétienne de la France, espérance justifiée par bien des faits. Ajoutons seulement que tous les hommes de bonne volonté qui, suivant leur conscience et sans arrière-pensée personnelle, combattent contre les doctrines négatives, qui soutiennent la cause de Dieu, de Jésus-Christ et de son Évangile, sont, qu'ils le sachent ou ne le sachent pas, les auxiliaires de cette œuvre de salut.

Ce sont, pour nous servir du langage d'un des chefs de l'école nouvelle, les vrais *positifs,* c'est-à-dire ceux qui tendent à faire monter l'humanité vers le pôle positif de la pensée, qui est le spiritualisme catholique. Quelque nom qu'ils portent, quel que soit le point de départ de leur pensée, ceux qui marchent dans cette voie nous appartiennent. Leurs travaux, leurs efforts, joints à ceux des chrétiens, seront comme autant de pierres, visibles ou cachées, de l'édifice reconstruit de la France chrétienne que les siècles futurs contempleront.

FIN.

TABLE ANALYTIQUE

CHAPITRE PREMIER
LES CAUSES DE LA RÉACTION

I

L'avenir de la réaction doit être apprécié en étudiant les causes qui l'ont produite et les obstacles qu'elle rencontre. — Les causes, ce sont les côtés faibles du positivisme. — Les obstacles, ce sont les arguments puissants et populaires par lesquels il maintient son empire................................ 1

II

Selon Auguste Comte, l'humanité passe par trois états successifs : l'état théologique, l'état métaphysique et l'état positif. — Cette théorie est inexacte ; nulle part la philosophie ne s'est substituée à la religion. — Elles ont subsisté et subsistent encore toutes deux. — L'état positif, qui les détruirait toutes deux, ne serait pas le résultat d'une longue évolution de la pensée. — Ce serait un état nouveau, opposé à tout ce qui a précédé. — L'établissement définitif du positivisme serait une véritable révolution dans la pensée et les sentiments de l'homme. — Une telle révolution est-elle possible ? — Le monde expérimental peut-il suffire à l'humanité ? — C'est ce que nous avons à examiner.................................... 5

III

L'imagination ne saurait se développer sous le règne du positivisme. — Avec la croyance au monde supra-sensible disparaissent les principales sources de poésie et d'idéal. — En même temps, les parties inconnues de la planète diminuent ce qui resterait encore du champ des hypothèses et des spéculations capables d'intéresser les hommes.................. 12

Le désir du bonheur, aspiration fondamentale du cœur humain, est frustré de son objet quand on renferme l'homme dans le monde visible. — L'homme désire un bonheur parfait et durable. — Ce bonheur, promis par la religion, n'existe pas dans le monde d'en bas............................. 17

Le désir d'aimer et d'être aimé est également privé de son objet par les doctrines négatives. — Le cœur humain demande un objet d'amour vivant parfait et immortel. — Or, ici-bas, réalité et perfection s'excluent, et tout finit à la mort. — La religion présente à l'homme cet objet suprême qu'il désire. — L'amour de Dieu dans les Psaumes. — L'amour du Christ dans l'Évangile. — Témoignage d'Alfred de Musset.............. 20

L'intelligence et la raison sont également restreintes dans leur développement. — Le positivisme interdit la recherche des causes, qui est le principal objet de la curiosité de l'homme. — L'intelligence doit alors se tourner vers un but pratique. — Mais là encore elle est limitée par l'ignorance nécessaire où l'homme, selon le positivisme, serait de sa fin dernière. — Est-ce dans cette vie ou dans une autre vie qu'il faut chercher le bonheur ? — Question insoluble selon le positivisme.... 26

La conscience disparaît également quand le positivisme triomphe. — La conscience contient un commandement de faire telle ou telle chose. — Ce commandement absolu ne saurait sortir du monde expérimental. — La conscience présente une règle idéale des actions humaines, différente de la règle ordinairement suivie dans la pratique. — D'où vient cet idéal ? — La conscience promet une récompense et menace d'un châtiment. — Si rien n'existe au-dessus de ce monde, la conscience est mensongère.................................... 31

Conclusion de ce qui précède. — L'humanité est suspendue par de nombreux liens au monde supérieur. — Le positivisme exige que ces liens soient brisés. — Par quoi les remplacera-t-il ?.................................. 36

IV

Au bonheur de l'individu, les positivistes substituent le bonheur futur de l'humanité. — Ce bonheur est aussi imparfait et aussi limité que le bonheur des individus. — On ne peut espérer qu'une amélioration dans le sort de l'humanité. — Cette amélioration ne sera probablement pas sentie, parce que l'homme ne cherchant son bonheur qu'ici-bas, ses désirs croîtront avec les moyens de les satisfaire. — Ce bien, d'ailleurs, est réalisé pratiquement par la religion................................ 37

A la place du devoir, les positivistes placent le dévouement, l'altruisme triomphant de l'égoïsme. — Ce principe n'est pas nouveau, ni propre à la doctrine positiviste. — Herbert Spencer suppose que, quand l'harmonie sera établie entre les besoins de l'homme et les conditions de son existence, le frein du devoir sera inutile. — C'est une hypothèse sans preuve et très invraisemblable. — L'ancienne morale cultivait rationnellement le principe du dévouement, en réprimant par la conscience les passions égoïstes, et en présentant les exemples des saints. — Le positivisme ne fait rien pour l'éducation de l'homme au point de vue du dévouement. — Au lieu du paradis futur promis par Herbert Spencer, c'est le triomphe de l'égoïsme qui est à prévoir. — Conclusion. — Les causes de la réaction sont extrêmement puissantes................ 41

CHAPITRE II

LES OBSTACLES QUE LA RÉACTION DOIT VAINCRE

Les deux assertions du positivisme. — L'humanité n'a pas besoin d'un au-delà ; l'humanité ne saurait connaître l'au-delà. — La première est réfutée. — La seconde subsiste. — On la défend par deux sortes d'arguments, des arguments de pure logique et des arguments pratiques et populaires. — Nous ne parlerons pas des premiers. — Les arguments populaires sont au nombre de deux : l'un fondé sur la diversité des religions, l'autre sur les contradictions de la philosophie. — Ces arguments, s'ils étaient sans réplique, fermeraient les deux routes qui conduisent à l'au-delà, celle de la religion et celle de la philosophie.. 48

Les religions sont diverses et contradictoires entre elles sur certains points. — Elles ne peuvent être toutes vraies à la fois. — Mais, d'autre part, elles ont des effets analogues et répondent aux mêmes besoins. — Donc, leur effet ne provient pas de leur vérité. — La croyance erronée et la croyance vraie, s'il y en a une, reposeraient sur des preuves semblables. Donc, aucune certitude par la croyance religieuse. — Même objection en ce qui concerne le raisonnement philosophique. Les résultats contradictoires des recherches des philosophes prouvent que la raison ne saurait atteindre l'au-delà par cette voie. — Grande puissance apparente de ces arguments. — Ce sont des préjugés universels. — Tel est l'obstacle qui arrête la réaction. — On peut, en présence de cet obstacle, prendre deux partis : le tourner ou essayer de le renverser.................. 50

I

Quelle est l'attitude prise par les chefs du mouvement néo-chrétien ? — Ils respectent le christianisme. — Ils le mettent au dessus des autres religions. — Ils le considèrent comme étant, dans notre pays et à notre époque, la forme concrète de l'idée religieuse. — Mais ils n'admettent pas la vérité exclusive du christianisme, ni, à plus forte raison, celle d'aucune autre religion. — Donc, ils laissent subsister la première objection. 59
Même attitude à l'égard des doctrines philosophiques. — Leur spiritualisme n'est pas plus précis ni plus affirmatif que leur christianisme. — Au contraire, ils semblent dédaigner la philosophie.. 62
Il résulte de cette attitude que, si leurs tendances sont opposées à celles des positivistes, leurs doctrines sont les mêmes. — Ils sont mécontents de ce que contient le monde expérimental. — Ils n'ont néanmoins pas de données certaines sur un monde supérieur. — Ils voudraient sortir de la prison du monde visible ; ils y restent, ne connaissant pas d'issue pour en sortir. — Motifs et causes de cette attitude................ 63

II

Conséquence de cette attitude. — Ceux qui la gardent n'apportent aucun remède au mal dont souffre l'humanité. — Dès lors, l'humanité cherchera un autre remède. — A défaut d'un au-delà légitimement prouvé, elle aura recours à la supersti-

tion. — Renaissance actuelle du spiritisme et de l'occultisme.
— C'est la conséquence logique de l'état d'âme de ceux à qui
les doctrines négatives répugnent, et qui ne croient pas pouvoir renverser les principes positivistes par la raison.... 65
Néanmoins, ce prétendu remède serait très funeste. — Au point
de vue moral, ces théories fournissent une règle arbitraire qui
peut favoriser les passions et le fanatisme. — Au point de vue
intellectuel, elles sont contraires à la science. — Le surnaturel
chrétien, œuvre du Dieu qui a posé les lois de la nature, n'a
rien de contraire à la science ; c'est un ordre supérieur qui
s'entre-croise avec l'ordre naturel sans le troubler. — Un surnaturel arbitraire et capricieux serait la destruction de la
science. — Ces doctrines ne peuvent subsister en présence des
vérités scientifiques acquises. — Remarque sur la doctrine de
la métempsycose.................................... 70

III

Autre conséquence d'une réaction mal dirigée : le découragement
qui suivra l'échec d'un grand effort. — Deux sortes de positivistes : les optimistes et les mécontents. — Les optimistes,
ceux qui croient que la science suffit à l'humanité, sont soutenus par l'espérance du succès. — Ils travaillent sincèrement
pour le bonheur des générations futures. — Les mécontents et
les découragés sont portés à ne travailler que pour eux-mêmes. — Tels ont été les saint-simoniens devenus financiers.
— Diverses conséquences du découragement. — Égoïsme brutal ; lutte pour la vie. — Dilettantisme — Pessimisme théorique. — Pessimisme pratique et désespoir............ 75
Dès lors, ceux qui ont commencé le mouvement sont tenus de
tenir leurs promesses. — Qui détruit doit rebâtir. — Qui
coupe doit recoudre................................ 81

IV

Difficulté de combattre les deux obstacles indiqués plus haut. —
Les esprits modernes, habitués à la critique et à l'analyse, ont
perdu la faculté d'étreindre la vérité. — Néanmoins, les auteurs de la réaction sont tenus de faire effort pour arriver à
des certitudes. — Qui marche peut s'égarer. — Qui reste en
repos est sûr de ne pas arriver au but. — Comment les croyants
peuvent-ils aider ceux qui cherchent la vérité ? — Première-

ment, en rendant le port du christianisme plus accessible. — Manière conciliante de présenter la doctrine. — Secondement, par la pratique des vertus chrétiennes. — Troisièmement, en entreprenant eux-mêmes la destruction des deux obstacles précités. — C'est ce qui sera fait dans la suite de ce travail.. 85

CHAPITRE III

MARCHE VERS L'AU-DELA PAR LA VOIE DE LA CROYANCE RELIGIEUSE

I

Les deux objections réduites à une seule. — Universalité et immutabilité des résultats des sciences physiques et historiques, opposées à la diversité d'opinions et aux contradictions de la religion et de la philosophie. — Dans le domaine des sciences, certains principes et résultats acquis. — Au delà des certitudes universellement acceptées, région des théories et des hypothèses diverses, individuelles et changeantes. — Même division dans l'histoire. — Analogie de cet état de choses avec les dogmes et les opinions libres du catholicisme. — Société des savants et des hommes éclairés, analogue à l'Église. — Comparaison de Clay. — Les certitudes ressemblent aux cristaux déposés dans une liqueur, les théories et les hypothèses à la partie fluide. — En philosophie tout est fluide et variable. — Les religions sont plus fixes ; mais elles sont multiples et opposées. — Le christianisme n'est admis que par moins d'un tiers de l'humanité. — Donc, la philosophie et la religion sont dans le domaine de l'opinion variable ; la certitude leur est étrangère. — Effet de contraste très puissant entre la science et l'histoire d'une part, la religion et la philosophie d'autre part.. 94

Réponse à l'objection. — La différence entre les résultats acquis des sciences et les doctrines philosophiques et religieuses provient, non d'une inégalité dans la certitude, mais d'une différence dans la nature des vérités. — Il y a deux sortes de certitudes : une certitude incontestée et admise universellement, et une certitude contestée et militante. — En matière scientifique, les inventeurs possèdent cette seconde certitude tant que la découverte n'a pas acquis l'assentiment général. — Maintenant, il peut y avoir un ordre de vérités qui ne sont susceptibles que de cette seconde certitude, qui peuvent être possédées à l'état de certitude pour certains individus sans jamais être universellement admises. — Tel est le cas des vérités philosophiques et religieuses. — Leur mode de démonstration n'a pas la rigueur mécanique des preuves employées en physique ou en archéologie. — En outre, les passions humaines soulevées par ces vérités empêchent l'assentiment universel de se produire. — Les cristaux ne se déposent pas, parce que la liqueur est agitée. — Cette certitude militante et contestée est la seule que nous puissions avoir relativement à l'au delà, mais elle est suffisante.................................. 98

II

Deux voies se présentent devant nous : celle de l'autorité et celle de l'examen. — Commençons par la voie de l'autorité. — Voyons si, parmi les sociétés religieuses qui prétendent avoir une mission venant d'en haut, il en est une qui ait droit d'être crue. — Ici naît l'objection. — Ces voix qui prétendent venir du Ciel sont multiples et contradictoires, donc elles ne sont pas dignes de foi. — Réponse. — Toutes ne peuvent pas être dignes de foi, mais une d'entre elles peut l'être. — Il faut choisir entre ces deux hypothèses. — Quand des témoins se contredisent, un juge ou un juré ne doit pas les renvoyer dos à dos; il doit chercher si l'un d'eux ne dit pas la vérité.. 107

Nouvelle forme de l'objection. — Les religions diverses produisent des effets semblables. — L'élément commun entre elles est plus important que les différences. — Mêmes effets, mêmes causes, donc même origine. — Mais, à cause des contradictions, l'origine ne peut être divine : donc elle est humaine... 113

Réponse. — Les ressemblances ne prouvent pas une même origine. — Il peut et il doit y avoir des ressemblances entre une religion vraie et des religions erronées. — La vraie religion répond aux besoins des âmes, mais, parce qu'elle est vraie, elle gêne l'orgueil et les passions. — Il doit donc tendre à se former des imitations de la vraie religion............. 115

Seulement, à côté des ressemblances, il doit y avoir des différences frappantes. — La vraie religion doit être transcendante par rapport aux autres 117

III

Existe-t-il en fait une religion transcendante ? Oui ; c'est la religion chrétienne. — A côté d'elle les religions monothéistes, judaïsme et islamisme, sont stériles ou funestes : l'islamisme est sans preuves. — Le paganisme est infiniment inférieur aux religions monothéistes. — Du bouddhisme. — Il a causé un enthousiasme mal fondé. — Il y a deux bouddhismes : l'un est un paganisme grossier, l'autre une secte philosophique avec une morale élevée et pure. — On peut encore prouver la transcendance du christianisme en comparant les livres sacrés des diverses religions, la vie des fondateurs, l'effet sur la civilisation. — Témoignage de Taine sur ce dernier point. — Personne ne mettrait en doute la transcendance du christianisme, si elle n'était un argument en faveur de sa divinité, qu'on ne veut pas admettre.......................... 123

IV

Autre forme de l'objection. — Relativité des religions. — Chaque religion paraît meilleure à ses adhérents par l'effet de la tradition et de l'éducation. — Réponse. — Cela est vrai en général, mais le christianisme fait exception. Seul il a des preuves. — Seul il fait appel à la raison et à la conscience. — La raison est de l'ordre absolu ; c'est la même faculté qui crée les sciences. — La conscience est absolue également. — Ses préceptes sont universels et certains. — C'est en vain qu'on prétend le christianisme entraîné sur l'océan mouvant du relatif. — Nous avons un point immobile où notre ancre est fixée et nous pouvons croire à la transcendance absolue du christianisme comme nous croyons à la vérité de la science et à la morale éternelle............................. 130

V

Passage de la transcendance du christianisme à sa divinité. — Le Christ, la doctrine chrétienne et l'Église sont trois grands faits placés à la limite et à l'horizon du monde expérimental. — Ils tiennent à ce monde, mais ils le dépassent. — L'Évangile n'est point un document supposé ; il remonte au siècle même où se sont passés les événements qu'il raconte. — A la seule lecture de l'Évangile, on peut juger de la sincérité de ses auteurs. — Témoignage de Rousseau. — Il est, d'ailleurs, impossible qu'une légende ait produit le christianisme. — Les causes sont proportionnées à leurs effets. — Si nous croyons à l'Évangile, nous sommes certains que Jésus, tel que l'Évangile le décrit, a existé, qu'il est mort et ressuscité. — Dès lors, quiconque croit au Dieu chrétien doit considérer les faits évangéliques comme l'œuvre de ce Dieu et la garantie de sa parole. — Ainsi, de la certitude des faits on s'élève à celle des doctrines 138

Mais comment peut faire un sceptique sur l'existence de Dieu pour interpréter les faits évangéliques ? — Il peut raisonner comme il suit : il faut à ces faits une cause proportionnée, et la cause proportionnée à la vie et la résurrection du Christ ne peut être que le Dieu que Jésus adorait. — En second lieu, on peut se fier au témoignage et aux déclarations du Christ sur l'existence du Père céleste, aussi bien que sur son union avec lui. — Donc, on peut s'élever, par l'Évangile, du visible à l'invisible. — Les besoins du cœur humain que l'Évangile seul satisfait aident à suivre cette route 144

Mais, à la démonstration religieuse il faut joindre la démonstration philosophique de l'existence de Dieu. Sans cela le scepticisme reprendrait le terrain conquis. — L'Église elle-même nous invite à ne pas nous contenter de la voie d'autorité... 147

CHAPITRE IV

MARCHE VERS L'AU DELA PAR LA VOIE DE LA PHILOSOPHIE

Principes posés par les sceptiques modernes. — L'homme ne connaît que ses états de conscience et les formes de sa pensée. — Il n'y a pas à tenir compte de ces principes arbitraires ou appuyés sur des arguments de logique subtile. — Les grandes vérités morales sont accessibles à tous. — Trois grandes voix encouragent à entreprendre la recherche de l'au delà : celle des grands philosophes platoniciens ou chrétiens, celle de la conscience populaire et celle de l'Église catholique 152

I

Argument tiré des lois du monde physique. — Ces lois sont un élément fixe, invariable et objectif du monde. — Ces lois sont semblables à la pensée de l'homme. — Les lois sont des pensées. — Mais ce ne sont pas les formes de notre esprit, car nous les découvrons par l'étude du dehors. Ce sont les pensées d'une intelligence, les pensées de Dieu................... 156

II

Argument de finalité. Il y a des buts dans la nature. — Les êtres organiques croissent suivant une idée directrice. — Les œuvres de la nature ressemblent aux œuvres de l'industrie. Dans les unes comme dans les autres il y a des moyens disposés pour une fin. Donc, par le principe même de la science, « mêmes effets, mêmes causes », on doit supposer que la nature est organisée par une intelligence. — La perfection et la régularité des œuvres naturelles n'impliquent pas la nécessité. — Plus on étudie les œuvres de la nature, plus on est frappé de l'analogie avec les œuvres de l'intelligence...................... 163

Autre forme de l'argument. La finalité, c'est le présent déterminé par l'avenir. Or l'avenir, qui n'est pas, ne saurait pas déterminer ce qui est. — Dans les œuvres de l'homme, cette antinomie se résout par la double existence du but, dans l'esprit de l'ingénieux et dans la réalité concrète. — Cette solution est la seule possible. — Elle doit s'appliquer aux œuvres de la nature. Qui dit but dit prévision par une intelligence............. 172

Réponse aux objections. — Idée de la finalité inconsciente. — Le chêne de Lamartine. — La finalité ne peut être inconsciente dans un être que si elle est consciente dans une cause supérieure. — Absence de buts. Production de l'ordre par le hasard. — Ces idées ne tiennent pas devant l'examen sérieux des faits....................................... 176

III

Argument tiré du mouvement. Argument de Rousseau. — La nébuleuse de Laplace identique aux tourbillons de Descartes. — L'énergie motrice, adventice par rapport à la masse des corps, exige une cause supérieure.................... 180

IV

Argument tiré du progrès du monde matériel. Cet argument est moderne. — Exposé de la théorie des origines d'après la science. Progrès de la nébuleuse aux planètes. Progrès des végétaux rudimentaires jusqu'à l'homme. — Principe de causalité. La cause doit être proportionnée avec l'effet.— Aucune cause ne peut dépasser sa puissance ; elle peut rester au-dessous de cette puissance. — La cause doit être, quant à l'intensité ou à l'excellence, supérieure ou tout au plus équivalente à l'effet. Le moins ne saurait produire le plus. Donc le progrès de l'univers exige une cause supérieure au terme le plus élevé du progrès. — Réponse aux objections. — Conclusion. — Le principe et la fin de l'univers ne sont pas contenus dans le monde expérimental 181

V

Attributs de la cause première. Sa liberté. — Le déterminisme professé par Stuart Mill et Taine. — C'est un fantôme cruel mais chimérique. — L'uniformité du retour des faits n'implique pas la nécessité. La fourmi dans une machine à vapeur. — Aucune loi physique n'est nécessaire, pas même les lois du choc. — Le déterminisme n'explique pas l'origine. — La nécessité ne peut produire la variété. — A l'origine il faut hasard ou choix libre. — Si c'est le hasard, il n'y a plus de science. Donc la cause première est libre......................... 197

VI

Attributs moraux de la cause suprême. On ne peut les déduire du spectacle du monde physique. — Mais le principe de causalité prouve que les perfections de l'homme doivent être dans la cause de la nature humaine. Donc la vertu, la bonté, la sainteté, l'amour sont en Dieu....................... 208
Ces perfections doivent être portées à l'infini, car Dieu est l'Être premier, il ne saurait avoir de limite. Qui aurait posé sa limite ? — Il est mystérieux et incompréhensible, mais non inconnaissable. — Il produit librement le monde par sa volonté.. 214
Confirmation des raisonnements précédents par l'instinct d'adoration de la nature humaine....................... 217

VII

L'idée du vrai Dieu résout une foule de problèmes relatifs aux origines. — L'idée du Dieu immanent et progressif d'Hegel n'en résout aucun. Mais l'idée du vrai Dieu soulève d'autres problèmes relatifs à sa nature et à ses desseins. — Ces problèmes sont insolubles, mais ils doivent l'être, car la raison humaine ne peut comprendre l'Être infini.................... 219

Il est difficile de se résigner à cette ignorance. — Les problèmes non résolus sont comme le fruit défendu. — L'Être mystérieux et insondable nous attire, mais il nous épouvante. — Cela explique l'instabilité pratique du monothéisme. La raison détruit son propre ouvrage et préfère des idoles abstraites au vrai Dieu. Elle est mal à l'aise sur un sommet entouré de précipices qui donnent le vertige. — Aussi est-il nécessaire de joindre la religion à la philosophie, l'Évangile à la preuve rationnelle de l'existence de Dieu.................... 223

CHAPITRE V

LE TERME COMMUN DES DEUX ROUTES

Avant de conclure il est utile de revenir sur le point de départ de ces études, et de chercher la donnée principale qui manque au monde expérimental et que rien ne peut remplacer. — Cette donnée, c'est la règle morale venant d'en haut, c'est-à-dire appuyée sur des principes fondés en raison, mais étrangers à la pure expérience.................... 227

I

Pour échapper à la nécessité de cette règle venant d'en haut, on a imaginé divers systèmes. — Le premier est la morale de l'intérêt de Bentham. — Son insuffisance est évidente. — Le second est le principe du dévouement, l'altruisme substitué à l'égoïsme. — C'est une règle incertaine. Pour qui faut-il se sacrifier? — Qu'est-il permis de sacrifier? — Danger de ce principe séparé de la conscience. — C'est l'excuse de tous les fanatismes. — Or la conscience vient d'en haut. — En l'absence de la règle morale venant d'en haut, l'homme, seul de tous les êtres, vit au hasard et sans règle.................... 229

II

Il faut distinguer deux états de l'humanité : celui qui précède et celui qui suit le développement des doctrines négatives. — Avant ce développement, il existe des règles morales traditionnelles plus ou moins imparfaites, plus ou moins bien fondées, mais obéies en fait. — La tradition s'impose. — Après le développement de la critique, il n'y a de possible qu'une règle solidement fondée en raison. — C'est l'état de la France contemporaine. — Les doctrines négatives ont envahi toutes les classes de la société. — Donc il faut une règle morale bien fondée sortant d'un au delà connu avec certitude. Nous avons montré que cette certitude est possible.......... **235**

III

Cette règle est fondée sur l'union du principe rationnel avec le principe chrétien. — Du côté du christianisme, cette union est nécessaire. Le christianisme vrai suppose la notion du vrai Dieu. C'est sa force logique. — Sans doute tous n'acquièrent pas cette notion par la philosophie. Ils la reçoivent par autorité, mais elle leur devient évidente. — Du côté de la philosophie, la nécessité en théorie n'est pas la même. Le théisme pourrait être démontré sans recourir à l'Évangile. — La révélation est un acte libre de Dieu prouvé par l'histoire. — Mais en pratique, le théisme philosophique est impuissant......... **240**
Raisons de cette impuissance de la philosophie séparée données par saint Thomas d'Aquin. — Autres raisons.......... **243**

IV

Raison spéciale tirée de l'existence même du christianisme. — En présence de l'attestation de l'Église, tout homme est tenu de se poser la question de la vérité des faits évangéliques. — Si ces faits sont vrais, il faut les admettre comme tels avec leurs conséquences. Essayer de résoudre le problème de la destinée humaine sans avoir vérifié cette attestation de l'Église, c'est prononcer un jugement sans connaître les faits de la cause. — L'étude de cette question est double. On peut se demander si ces faits sont possibles, quoique surnaturels. — On peut se demander s'ils sont suffisamment attestés. — La première question est philosophique. — Qui croit à un Dieu libre doit admettre que le miracle est possible. — Un panthéiste ou un athée doivent le déclarer impossible. — Mais la solution de cette question influe sur la seconde question, sur la question historique. — Quand on admet que les miracles sont possibles, on doit croire aux récits évangéliques, si naïfs et si sincères. — Quand on ne croit pas à la possibilité des miracles, on se contente d'hypothèses invraisemblables pour les exclure. — C'est ce qu'a fait Renan. Ainsi se fait un partage des esprits, les uns croyant au Dieu chrétien et aux miracles, les autres niant le Dieu libre pour éviter d'admettre le miracle. — Ainsi s'effondre le terrain de la religion naturelle **251**

V

Il faut donc unir le christianisme au spiritualisme. — Cette union constitue une très forte preuve. — Le Dieu de la métaphysique est le Père céleste de l'Évangile. — On arrive par deux routes au même terme. — Mais il faut choisir, pour l'unir à la philosophie, une forme précise de christianisme, et non un christianisme vague. — Parmi ces formes, il n'en est qu'une qui soit logique : c'est la forme catholique. — C'est donc le catholicisme qui doit être opposé au positivisme. C'est une vérité qui pénètre dans les esprits de nos contemporains. Témoignages de Newman, de Manning, de Mallock, de Paul Bourget. — Paroles remarquables de M. Janet...................... **260**

VI

Objection contre le retour au catholicisme. — Ce serait revenir à un passé que l'on a cru condamné définitivement et désavouer les progrès accomplis depuis un siècle. — Réponse tirée des encycliques de Léon XIII. — Réponse tirée de l'ouvrage de M. Ollé-Laprune : les *Sources de la paix intellectuelle*. — Utilité de l'Église catholique pour la conservation de la foi et des croyances spiritualistes chez ceux mêmes qui ne sont pas catholiques **266**

VII

Conclusion définitive. — La réaction ne réussira complètement que si elle aboutit au catholicisme. — Elle aura un succès partiel si ses chefs s'avancent sur l'une des deux routes jus-

qu'au christianisme ou jusqu'au spiritualisme philosophique : sinon elle sera impuissante ou funeste.............. **274**
Mais, quel que soit le sort de la réaction actuelle, l'empire du positivisme ne sera pas éternel. — Le retour se fera en France vers le catholicisme. Ce retour est déjà commencé. — Il se fait, parallèlement au travail de destruction, un travail de reconstruction des croyances chrétiennes. — Là se trouve le salut.— Tous ceux qui combattent les doctrines négatives, quelque nom qu'ils portent et quel que soit leur point de départ, travaillent à cette œuvre. — Ce sont, pour nous servir du langage d'un des chefs de l'école néo-chrétienne, les vrais *positifs,* ceux qui tendent à faire marcher l'humanité vers le pôle positif de la pensée, qui est le spiritualisme catholique........ **277**

FIN DE LA TABLE ANALYTIQUE.

PARIS

TYPOGRAPHIE DE E. PLON, NOURRIT ET Cie

Rue Garancière, 8.

A LA MÊME LIBRAIRIE :

Le Présent et l'Avenir du Catholicisme en France, par l'abbé DE BROGLIE. Un vol. in-18. Prix. . . . . . 3 fr. 50

La Foi en la divinité de Jésus, par le R. P. DIDON, de l'ordre des Frères Prêcheurs. 4e édition. Un vol. in-16. Prix. 3 fr. 50

Indissolubilité et Divorce. Conférences de Saint-Philippe du Roule, avec préface et épilogue. *Nouvelle édition*, par le R. P. DIDON, de l'ordre des Frères Prêcheurs. Un vol. in-18. 3 fr. 50

La Science morale, étude philosophique et sociale, par A. BELLAIGUE, ancien président de l'ordre des avocats au Conseil d'État et à la Cour de cassation. Une brochure in-8o. Prix. . . . 1 fr.

Étude sur les forces morales de la société contemporaine. *La Religion et l'Église*, par L. DE BESSON. Un vol. in-8o. Prix. . . . . 7 fr. 50

La Certitude philosophique, avec une lettre de Mgr PERRAUD, évêque d'Autun, par H. DE COSSOLES. Un vol. in-18. . 3 fr. 50

De l'influence des religions sur le développement économique des peuples. Simple étude, par Louis DE, président-fondateur de la Société de géographie de Lyon, etc. Un vol. in-18. Prix. . . . .

La Paix publique selon la logique et l'histoire, par H. DE FAVIERS. Un vol. in-18. Prix. . . . . 3 fr. 50

Philosophie du droit social, par Mgr HUGONIN, évêque de Bayeux et Lisieux. Un vol. in-8o. Prix. . . . . 6 fr.

Le Socialisme d'État et la Réforme sociale, par Claudio JANNET, professeur d'économie politique à l'Institut catholique de Paris. 2e édition, mise au courant des statistiques et des lois les plus récentes. Un vol. in-8o. Prix. . . . . 7 fr. 50

La Morale dans l'Histoire. Étude sur les principaux systèmes de philosophie de l'histoire depuis l'antiquité jusqu'à nos jours, par René LAVOLLÉE, docteur ès lettres, ancien consul général de France. Un vol. in-8o. Prix. . . . . 7 fr. 50

Du rôle social des idées chrétiennes, par P. RIBOT. 3e édition. Un vol. in-18. Prix. . . . . 4 fr.

La Démocratie et ses conditions morales, par le vicomte Philibert D'USSEL. Un vol. in-18. Prix. . . . . 3 fr. 50

(Couronné par l'Académie des sciences morales et politiques.)

PARIS. — TYP. DE E. PLON, NOURRIT ET Cie, RUE GARANCIÈRE, 8.

www.ingramcontent.com/pod-product-compliance
Lightning Source LLC
Chambersburg PA
CBHW071300160426
43196CB00009B/1358